Eine Arbeitsgemeinschaft der Verlage

Böhlau Verlag · Wien · Köln · Weimar
Verlag Barbara Budrich · Opladen · Toronto
facultas.wuv · Wien
Wilhelm Fink · Paderborn
A. Francke Verlag · Tübingen
Haupt Verlag · Bern
Verlag Julius Klinkhardt · Bad Heilbrunn
Mohr Siebeck · Tübingen
Nomos Verlagsgesellschaft · Baden-Baden
Ernst Reinhardt Verlag · München · Basel
Ferdinand Schöningh · Paderborn
Eugen Ulmer Verlag · Stuttgart
UVK Verlagsgesellschaft · Konstanz, mit UVK / Lucius · München
Vandenhoeck & Ruprecht · Göttingen · Bristol
vdf Hochschulverlag AG an der ETH Zürich

PHILIPP AUMANN, FRANK DUERR

Ausstellungen machen

2., aktualisierte Auflage

WILHELM FINK

Online-Angebote oder elektronische Ausgaben sind erhältlich unter **www.utb-shop.de**

Bibliografische Information Der Deutschen Nationalbibliothek

Die Deutsche Nationalbibliothek verzeichnet diese Publikation in der Deutschen Nationalbibliografie; detaillierte bibliografische Daten sind im Internet über http://dnb.d-nb.de abrufbar.

2., aktualisierte Auflage 2014

(Wilhelm Fink GmbH & Co. Verlags-KG, Jühenplatz 1, D-33098 Paderborn)

Internet: www.fink.de

Printed in Germany.
Herstellung: Ferdinand Schöningh, Paderborn
Einbandgestaltung: Atelier Reichert, Stuttgart

UTB-Band-Nr: 3892
ISBN 978-3-8252-4193-3

INHALT

„Unterschätz mir nicht die Objekte […]. Lass keine Objekte außer Acht. Die Welt, die radikal alt ist, besteht schließlich größtenteils aus Objekten."

Aus: David Foster Wallace, Unendlicher Spaß

INTERNATIONALE
AVANTGARDE
Die Berliner Dadaisten schlossen
sich ab 1920 verstärkt anderen
Künstlergruppen an oder gingen
ihren Weg unabhängig voneinander.
Fanden bis dahin vor allem die Ein-
flüsse der russischen Avantgarde,
der Konstruktivisten wie El Lissitzky
ihre Ideen von der Verbindung zwischen Mensch und Maschine, unter den Dadaisten starken Anklang.
dies bald spürbar.

EINFÜHRUNG

1. EINFÜHRUNG

Eine Ausstellung zu konzipieren, zu planen, zu realisieren und schließlich durchzuführen, ist ein kreativer Akt. In ihrer Herstellung entsteht etwas noch nicht Dagewesenes. Dieses Neue bezieht sich nicht nur auf frisch entdeckte und erforschte Objekte, noch nie gezeigte Exponate oder neue Anordnungen der ausgestellten Dinge, sondern die Ausstellung selbst kann auch neuartige Fragen stellen, völlig neuen Sinn generieren, neues Wissen produzieren. Wenn aber neues Wissen entsteht, dann bewegen sich Ausstellungsmacher auf dem Feld der Wissenschaft. Daneben verfolgt die Ausstellung immer auch einen sinnlich anregenden Zweck, ist demnach ein Stück weit ein künstlerisches Produkt. Sie will nicht nur Plattform der Erkenntnis, sondern auch ein ästhetisches Erlebnis sein. Diese inhaltliche Vielschichtigkeit ist ein wesentliches Merkmal der Ausstellung und deutet bereits an, welch komplexe Tätigkeit das Ausstellungsmachen ist. Die Spannungen, die sich daraus ergeben, werden in diesem Leitfaden immer wieder thematisiert.

Zudem generiert nie eine einzelne Instanz den inhaltlichen Sinn und die wahrnehmbare Erscheinung einer Ausstellung, sondern viele erzeugende und erzeugte Elemente bilden ein System: der wissenschaftliche oder essayistische Inhalt, die Objekte und ihre Anordnung, ihre Inszenierung, der Raum ihrer Präsentation, die Strategien der Wissensvermittlung, etwa in Form begleitender Texte, Audioguides oder Filme. Schließlich sind auch die Besucher sinnbildende Elemente der Ausstellung, weil sie in freier, selbständiger Reflexion über die Inhalte zu individuellen, von den Kuratoren nicht intendierten Erkenntnissen gelangen können und sollen. Diese Komplexität wollen wir in der Folge aufbrechen, einzeln und in der Vernetzung der Elemente veranschaulichen und Wege aufzeigen, wie mit ihr umzugehen ist.

Eine Ausstellung ist demnach das Ergebnis eines inhaltlich, aber auch organisatorisch komplexen Prozesses. Damit hat sie noch einen zweiten Berührungspunkt zur Kunst: Gleich dieser ist sie „schön, macht aber viel Arbeit", um Karl Valentin zu zitieren. An einem solchen Projekt sind entsprechend meist mehrere Menschen beteiligt, da es neben inhaltlichen auch gestalterische, technische und logistische Probleme aufwirft. Diese Spannung ist gleichzeitig der zentrale Ansatzpunkt des vorliegenden Leitfadens: Wie sind Konzepte zu erarbeiten, wie entstehen Narrative, wie analysiert man Objekte und bringt sie zum „Sprechen"? Wie lassen sich diese verschiedenen Ebenen einer Ausstellung vereinbaren? Wie sind die materiellen und ideellen Ergebnisse in realen Räumen zu präsentieren? Und nicht zuletzt, wie erreicht man mit dem Produkt Dritte, ob Förderer oder ein Publikum?

Um diesen Fragen im Folgenden nachzugehen, haben wir das Ausstellungsmachen in unterschiedliche Schwerpunkte unterteilt. Diesen sind konkrete Aufgaben zugeordnet, die getrennt voneinander zu erledigen sind: Konzept/Inhalt, Objektarbeit, Gestaltung, Vermittlung, Finanzierung/Sponsoring, Werbung/Pressearbeit. Kontrolle und Anregungen zwischen den Bearbeitern der einzelnen Aufgaben sind immer nötig, und viele Aufgaben erfordern auch Teamarbeit über einzelne Arbeitsgebiete hinaus, weil sie sich über mehrere Schwerpunkte erstrecken, beispielsweise ist das Verfassen von Objekttexten gleichermaßen eine Tätigkeit der Gestaltung wie der Vermittlung. Entsprechend thematisieren wir einzelne Aufgaben auch in unterschiedlichen Kapiteln mehrmals, nicht nur um eine didaktisch notwendige Redundanz zu erzeugen, sondern um zur Überwindung der Schwerpunktgrenzen anzuregen. Dennoch halten wir die Trennung für sinnvoll, weil nur eine klare Zuordnung bestimmter Aufgaben zu bestimmten Schwerpunkten und die klare Verantwortung der Bearbeiter in den Arbeitsgruppen zu einem befriedigenden Ergebnis führen und das Projekt somit zu einem Erfolg machen.

Zunächst wollen wir klären, was eine Ausstellung ausmacht und was sie von anderen Produkten am Kulturmarkt unterscheidet. Da neben inhaltlichen Überlegungen und Ratschlägen immer auch solche zum Management eines Ausstellungsprojekts stehen sollen, bleiben wir bereits in diesem folgenden Kapitel nicht bei theoretischen Reflexionen. Wir wollen aus den Schlüssen über die Wesensmerkmale der Ausstellung ableiten, wie ein Ausstellungsthema zu finden und wie dieses Thema zu realisieren ist. Das Zentrum einer Ausstellung sind die gezeigten Objekte (Kapitel 3). Sie dürfen nie bloße Illustrationen des textlichen Themas sein, sondern ihre Materialität, ihre Funktion und Bedeutung bilden den erkenntnistheoretischen Ausgangspunkt und den Zielpunkt der Wissensvermittlung. Doch das Ergebnis einer Ausstellung ergibt sich nicht allein aus den ideellen und materiellen Inhalten, sondern auch aus deren Inszenierung, also Anordnung und Präsentation im Raum, gleichermaßen ob diese Gestaltung nach ästhetischen (Kapitel 4) oder nach psychologischen Gesichtspunkten (Kapitel 5) erfolgt. Damit das Projekt inhaltlich zum Erfolg wird, muss auch seine Organisation stimmen. Die Bearbeiter müssen ein Team bilden, und die internen Arbeitsabläufe müssen so gut wie nur irgend möglich zusammenspielen (Kapitel 6). Die finanziellen Aufwendungen müssen geplant werden und durch einen Hausetat oder Drittmittel gedeckt sein (Kapitel 7). Schließlich muss das Ergebnis im weitesten Sinne vermarktet werden, d.h. das Zielpublikum muss direkt oder indirekt adressiert und zum Besuch der

Ausstellung animiert werden (Kapitel 8), und wenn es vor Ort ist, muss ihm der Aufenthalt pädagogisch ertragreich und angenehm gemacht werden. Konkrete Handlungsempfehlungen und Vorschläge zur inhaltlichen Strukturierung eines Ausstellungsprojekts erstrecken sich über das ganze Buch. Im abschließenden Kapitel machen wir Vorschläge zur zeitlichen Organisation. Dabei wird nochmals zusammengefasst, wie Ausstellungsmacher die vielschichtige Arbeit aufteilen und gleichermaßen nach Spezialisten-Teams getrennt wie gemeinschaftlich zu einem guten Ergebnis kommen können – einer inhaltlich wie ästhetisch anregenden Ausstellung. Nach der Konzeptions- und Realisierungsphase endet die Arbeit der Ausstellungsmacher jedoch nicht. Während des Verlaufs der Ausstellung können eventuell entstandene Fehler korrigiert werden, und es sind noch weitere Aufgaben auf den Gebieten des pädagogischen Begleitprogramms und der Öffentlichkeitsarbeit zu erledigen. Erst nachdem die Ausstellung abgebaut, alle Exponate wieder in ihren Sammlungen zurück sind und eine Dokumentation erstellt ist, gilt das Projekt als abgeschlossen.

Um dieses Vorhaben nicht nur im Allgemeinen schweben zu lassen, sondern auch nachvollziehbar zu machen, werden wir unsere Überlegungen an möglichst anschaulichen Beispielen aus diversen Dauer- und Temporärausstellungen, insbesondere aber aus den Ausstellungen des Museums für Kommunikation Frankfurt und des Museums der Universität Tübingen MUT konkretisieren. Denn hierin liegt gleichsam der Entstehungszusammenhang des Leitfadens. Er diente als Grundlage, auf der in Tübingen mittlerweile ein Projektseminar im Rahmen des „Studium Professionale" etabliert ist. Studenten sollen unter professioneller Anleitung eine Ausstellung realisieren und werden dabei in das Berufsfeld „Museum" eingeführt, das für viele ein berufliches Wunschziel ist. Aus didaktischen Gründen war es notwendig, die thematisch und zeitlich unterschiedlichen Arbeitsschritte, die Museumsprofis auf dem Weg zu einer gelungenen Ausstellung oft implizit erledigen, auf Papier zu bringen und unseren Studenten einzeln und in aller Klarheit darzulegen. Die Lehren aus den Seminaren wollen wir nun an angehende, aber auch erfahrene Museumspraktiker weitergeben. Gerade kleinere Museen können sich keine Fachleute für die jeweiligen Teilgebiete des Ausstellungsmachens leisten und verlangen von ihren wenigen Mitarbeitern Kenntnisse und Fähigkeiten auf allen Feldern. Alles und am besten noch alles gleichzeitig machen zu müssen, überfordert diese aber oft – gerade wenn sie zwar Spezialisten eines Themas, aber keine ausgebildeten Museumsleute sind. Sie sollen hiermit einen Überblick über die vielfältigen Aufgabengebiete einer Ausstellung und einen Einblick in deren Zusammenspiel und Koordination erhalten. Wenn die Leser tiefer in die einzelnen Schwerpunkte eintauchen wollen, können sie dies anhand der Literaturangaben am Ende jedes Kapitels tun. Mit diesem Leitfaden sollen Sie ein Hilfsmittel zur Hand haben, um inhaltlich wie organisatorisch gelungene Ausstellungsprojekte umsetzen zu können.

EKW-STUDIERENDE
ZUHAUSE_IM_SCHLOSS

THEMA

2. THEMA

Ein Museum ist ein Ort, in dem kulturelle oder natürliche Phänomene und Prozesse mittels Dingen gebündelt, reflektiert und repräsentiert werden. Entsprechend sind die wesentlichen Tätigkeiten von Museumspraktikern das Sammeln, das Forschen und das Vermitteln. Den Richtlinien des Deutschen Museumsbundes und des International Council of Museums zufolge ist das Museum eine öffentliche, nichtkommerzielle Bildungseinrichtung, bei der das Ausstellen im Dienste einer Vermittlung von Wissen steht.[1] Die Ausstellung ist also nur eine, wenn auch eine sehr zentrale Aufgabe des Museums. Denn durch sie wendet sich die in der Regel durch öffentliche Mittel finanzierte Institution an die Öffentlichkeit, legt also Rechenschaft ab, was sie mit dem Geld der Steuerzahler macht.

WAS IST EINE AUSSTELLUNG?

Zunächst ist eine Ausstellung die Präsentation gesammelter, erworbener oder geliehener Dinge samt erläuternden Medien. In diesem Rahmen werden die Exponate und die durch sie reflektierten Phänomene und Prozesse zu Besuchern transportiert. Kurz: eine Ausstellung vermittelt Wissen mittels der Exponate, ist also in diesem Sinn ein Wissensmedium.

1 Standards für Museen, hg. v. Deutschen Museumsbund u. ICOM-Deutschland Kassel /Berlin, Februar 2006.

Wissensvermittlung beschränkt sich dabei nicht nur auf eine pädagogische Dimension, sondern im Laufe des Projekts können auch eigenständige Forschungsergebnisse entstehen, wodurch die Ausstellung neues Wissen präsentiert. Wenn die Funktion und Struktur von Objekten sowie das kulturelle Feld, das diese aufspannen, in einem historisch-kulturwissenschaftlichen Projekt erforscht werden, dann ist die interpretierende Präsentation dieser Objekte ein wissenschaftliches Produkt, wie es auch ein Buch oder ein Fachaufsatz wäre. Denn das Wissen, das nun vermittelt wird, ist bisher noch nicht dagewesen und für die Ausstellung produziert.

EINBLICK IN DIE PRAXIS

Abb. 3: Daueraustellung des Berliner Medizinhistorischen Museums der Charité

Für die Dauerausstellung des Berliner Medizinhistorischen Museums der Charité sind anatomische und pathologische Präparate, Modelle, Instrumente und Bilder untersucht worden. Dabei ergeben sich konkrete Fragen, etwa: „Mit welchen Strategien ordnen die Akteure ihr wissenschaftliches Feld, welchen Beitrag leisten die sicht- und fassbaren Dinge dabei? Generiert der gemeinschaftliche Gebrauch von Dingen eine lokale Kultur, d.h.

kann man von einer spezifischen Charité-Medizin sprechen? Wie entwickelten sich die Interessen der Akteure für bestimmte Objekte und Phänomene? Welche Rolle spielt die Entwicklung neuer Geräte für die Entwicklung des Wissens? Welche Objekte repräsentieren und speichern das Wissen? Welche neuen Interessen und neuen Fragestellungen ruft das Wissen hervor und beeinflusst somit wieder die Entwicklung neuer Technik?" Indem die Exponate unter diesen Perspektiven präsentiert sind, indem etwa Präparate, Modelle und Instrumente nebeneinander stehen (Abb. 3) und dadurch ihre Wechselwirkungen deutlich werden, antwortet die fertige Ausstellung auf diese Fragen. Sie ist damit eine Plattform geschichts- und kulturwissenschaftlicher Forschung. Sie liefert nicht nur einen Abriss der Institutsgeschichte der Charité, sondern sie gewährt Einblick in 300 Jahre Medizingeschichte.

WAS LEISTET EINE AUSSTELLUNG?

Neben der Möglichkeit, Wissen zu erzeugen und zu vermitteln, kann die Ausstellung eine kulturelle Identität für eine Gruppe von Menschen schaffen, die sich mit den vorgestellten Inhalten identifizieren. Sie kann diese Identität Außenstehenden präsentieren, um sie über das Gezeigte zu belehren oder um sie zu unterhalten. Wenn eine Ausstellung also gleichermaßen kulturstiftenden wie präsentierenden, belehrenden wie unterhaltenden Charakter hat, dann ist sie ein Instrument des lebenslangen, außerschulischen, informellen Lernens und eine Möglichkeit, Menschen an einen bestimmten Ort zu locken, sich mit diesem geistig auseinanderzusetzen, diesen aber auch sozusagen zu konsumieren.

Beispielsweise sollen die Bayerischen Landesausstellungen den Menschen „die geschichtliche und kulturelle Vielfalt Bayerns“[2] zugänglich

2 http://www.hdbg.de/basis/07_das-haus_aufgaben.php [Zuletzt gesehen am 29.9.2012]

machen, demnach innerhalb der bayerischen Bevölkerung ein Geschichtsbewusstsein schaffen. Die Erkenntnis, dass die bayerische Gesellschaft und Kultur keine zufällige Erscheinung, sondern durch die Ausbildung spezifischer Strukturen geworden und durch menschliche Weichenstellungen gemacht ist, schafft eine spezifische Identität. Diese Identität und der historische Reichtum des Landes werden auch über die Landesgrenzen hinaus auswärtigen Menschen präsentiert und tragen dadurch zur kulturellen Unverwechselbarkeit des Landes bei. Die Ausstellungen schaffen eine Kulturmarke.

Zudem bezwecken die Macher der Landesausstellungen mit der Wahl der Ausstellungsorte – verteilt über ganz Bayern und oft in der Peripherie des Landes –, dass Externe dorthin reisen und diese Orte kennenlernen. Generell scheint bei den Trägern der Kulturbetriebe, also meist öffentlichen Einrichtungen, der Antrieb stark zu sein, Fremde anzulocken und dadurch einen Ort aufzuwerten. Dieses Motiv verspricht einen inhaltlichen Nutzen, wenn möglichst viele Menschen die kulturelle Bedeutung des Orts erkennen und dadurch auf sein „Alleinstellungsmerkmal" aufmerksam werden, und einen wirtschaftlichen Nutzen, wenn sie neben den Eintrittskarten ihr Geld noch in der Gastronomie, Hotellerie oder sonstigen Geschäften des Orts lassen.

Das Ausstellungswesen kann unter dieser Maßgabe schlimmstenfalls zum Spielball der Tourismusindustrie verkommen. Ein Blick auf europäische Großstädte macht die Befürchtung deutlich: Ausstellungen sind ein gewichtiges Argument, um die Millionen Touristen anzulocken, die jährlich mehrere Tage in den Metropolen verbringen. Entsprechend werben die großen Museen dort aggressiv mit weithin sichtbaren Medien und mit allseits bekannten Namen. Die Albertina in Wien wartete zur Jahreswende 2010/11 beispielsweise mit einer Michelangelo- und gleichzeitig mit einer Picasso-Ausstellung auf. Das Stelldichein der Stars in der Stadt ging weiter: Im Leopold Museum waren mit Cézanne, Picasso und Giacometti „Meisterwerke der Fondation Beyeler" zu sehen, während dieses Museum in Basel die Ausstellung „WIEN 1900 – Klimt, Schiele und ihre Zeit" zeigte. Doch nicht nur die Kunstgeschichte veranstaltete einen Rummel, auch das Naturhistorische Museum beteiligte sich mit einer Ausstellung über Charles Darwin am Name-Dropping. Genauso ließe sich dieses Schlaglicht auf die Ausstellungssituation zu einem bestimmten Zeitpunkt auch auf beliebige andere Orte ausdehnen, man denke nur an die „Blockbuster"-Ausstellung von Gemälden Leonardo da Vincis in London ein Jahr später. Die Öffentlichkeitsarbeit sparte nicht mit Worten wie „Sensation" und „nie zuvor gesehen"[3], und Publikum wurde nicht nur aus Großbritannien, sondern aus der ganzen Welt erwartet.

Museen stehen in Konkurrenz zueinander und zu anderen Freizeiteinrichtungen wie Kinos, Funparks und Nachtklubs, und sie müssen in diesem Aufmerksamkeitswettkampf immer neue Sensationen liefern. Die Themen haben dabei kaum etwas mit den Orten zu tun, an denen sie präsentiert werden, sind also austauschbar. Und tatsächlich werden, wie gesehen, auch die Exponate getauscht, die sich beinahe genauso viel auf Reisen befinden wie die Besucher der Schauen. Mehr als der Inhalt einer Ausstellung zählt hier das Schaffen und Verkaufen von Marken.

3 Vgl. http://www.nationalgallery.org.uk/whats-on/exhibitions/leonardo-da-vinci-painter-at-the-court-of-milan. [Zuletzt gesehen am 29.09.2012]

WIE KOMMT MAN ZU EINEM AUSSTELLUNGSTHEMA?

Wenn Museen an weniger hitzigen Kulturmärkten angesiedelt sind, oder sich bewusst diesen Mechanismen entziehen wollen, können sie sich auch anderweitig profilieren. Dann nämlich, wenn sie nicht nur marketingstrategisch, sondern inhaltlich auf Einzigartigkeit setzen, wenn sie sich bewusst sind, was ihr kultureller Auftrag ist, wenn sie ernsthaft eine kulturelle Identität für einen bestimmten geographischen und sozialen Raum schaffen wollen. Diese Zielvorgabe lässt sich durch sorgsame Auswahl der Ausstellungsthemen erreichen und dadurch, dass die Exponate nicht aus beliebigen Orten zusammengetragen werden, sondern sich primär aus der eigenen Sammlung speisen. Denn die sollte ja ein dingliches Archiv einer solchen kulturellen Identität sein, und jede gute Sammlung ist einmalig.

Wenn sich Ausstellungsmacher auf ihre Sammlung berufen, deren Objekte unter neuen Leitfragen immer wieder neu befragen, schaffen sie aus ihr heraus Ausstellungsthemen. Damit konzipieren sie auch einmalige, nicht austauschbare Ausstellungen. Das soll nicht bedeuten, dass man keine Objekte aus anderen Sammlungen leihen darf. Im Gegenteil können neue Objekte in Verbindung mit den eigenen neue Perspektiven eröffnen und als Argument für ein Stammpublikum dienen, um wiederzukommen. Bei allem Import externer Themen und Objekte müssen lediglich das Profil des eigenen Hauses und dessen Aufgaben im Blick bleiben. Wenn mit diesem Hintergedanken eine Ausstellung konzipiert wird, schafft die Ausstellungspraxis in Verbindung mit dem Sammlungskonzept das Profil des Museums. Und ein klares Profil ist, nebenbei bemerkt, auch ein willkommener Ansatzpunkt für Öffentlichkeitsarbeit und Marketing, um somit wiederum Besucher anzulocken.

Während sich Dauerausstellungen stärker auf die Befragung gesammelter Objekte berufen und darüber vielleicht einen Schnitt durch das Profil des Hauses oder die zum Sammlungsgebiet gehörende wissenschaftliche Disziplin erreichen wollen, begründet bei Wechselausstellungen oftmals das Thema das gesamte Projekt. Wenn dieser Weg gewählt wird, eröffnet sich dem Museum wiederum die Möglichkeit, die Sammlung durch projektbezogene Zukäufe oder Schenkungen zu erweitern, solange die Ausstellung dem Profil des Hauses entspricht und die Objekte sich deshalb in das Sammlungskonzept einfügen.

In der Ausstellung wird also gerne ein vorbestimmtes Thema erzählt, beispielweise wenn ein Jubiläum in der Stadt ansteht. In Tübingen wählte man diese Form, als sich der Todestag des Humanisten und Reformators Philipp Melanchthon zum 450. Mal jährte. Die Besucher erhielten einen Einblick in die Ideenwelt und Sozialstrukturen der Gelehrtenstadt Tübingen im 16. Jahrhundert, wo Melanchthon studierte, zu lehren begann und seine ersten wissenschaftlichen Erfolge feierte. Der identitätsstiftende Charakter der Ausstellung ist offensichtlich. Eine Ausstellung bot sich in einem solchen Fall auch an, weil dadurch eine wesentlich größere Öffentlichkeit erreicht werden kann als allein mit einem Buch. Je mehr Rezipienten gewonnen werden, desto größer ist auch der pädagogische Erfolg. Dieses Motiv veranlasste das Hamburger Institut für Sozialforschung, die Frage nach den „Verbrechen der Wehrmacht. Dimensionen des Vernichtungskrieges 1941–1944“ in Form einer forschenden Ausstellung zu stellen und zu beantworten. Dadurch beschäftigte sich nicht nur die wissenschaftliche Welt, sondern auch eine breite Öffentlichkeit mit diesem bislang eher weggeschwiegenen Thema. Über 400 000 Menschen besuchten zwischen 2001 und 2004 die Wanderausstellung (Abb. 4). Wenn man noch bedenkt, dass alle großen Zeitungen, Nachrichtensendungen, Polit-Talkshows etc. die

Thesen der Kuratoren diskutierten und so massenmedial multiplizierten, dann wird klar, welche Chancen, Aufmerksamkeit auch für schwer konsumierbare Themen zu erzeugen, eine Ausstellung mit sich bringt. Ungeachtet der vielen Möglichkeiten, die eine Ausstellung bietet, kann es jedoch auch Gegenargumente geben. Schon am Anfang eines Projekts sollten die Kuratoren bedenken, ob das fertige Produkt dem Profil ihrer Institution entspricht oder ob dieses sinnvoll weiterentwickelt wird. Sie sollten sich auch immer fragen, ob sich das gewählte Thema tatsächlich mit musealen Mitteln ausdrücken lässt – und diese Mittel sind die Exponate.

WAS ERZÄHLT EINE AUSSTELLUNG? WAS SOLL SIE AUSSAGEN?

Wenn ein Ausstellungsteam ein Thema gefunden hat, das zum Profil des Hauses passt und in dessen Rahmen es den potentiellen Besuchern etwas vermitteln will, dann muss es diese Inhalte zunächst textlich erfassen. Der Inhalt der Ausstellung, den die Exponate und die begleitenden Medien transportieren sollen, wird erschlossen. Dieser Teil der Ausstellungsvorbereitung entspricht einer gängigen reflektierend-wissenschaftlichen Arbeit. Das heißt, Forschungsliteratur und eventuell primäre Texte der zu behandelnden Akteure und über das zu behandelnde Thema sind zu lesen, aus diesem Material sind Leitfragen und spezifische Perspektiven auf das Thema herauszuarbeiten. Die nun entstandene Geschichte der Ausstellung wird in ein Konzept gefasst, damit der thematische Rahmen, die Leitfragen, die Sammlungsbestände, der Ausstellungsraum, aber auch organisatorische Bedingungen wie der Umfang des Projektteams und Zeitvorgaben sowie schließlich die Ziele und Adressaten der Arbeit klar strukturiert vorliegen.

Abb. 4: Wanderausstellung „Verbrechen der Wehrmacht"

→ Welches Thema soll in der Ausstellung erzählt werden?

→ Welche Inhalte repräsentieren die auszustellenden Objekte?

→ Wer soll angesprochen werden?

Das Konzept ist kein unveränderliches Monument, sondern ein Papier zur erstmaligen Präsentation für Projektpartner nach außen und vor allem eine Arbeitsgrundlage nach innen, die sich mit dem Projekt weiterentwickelt. Der entstandene Text bildet letztendlich die theoretische Grundlage der Ausstellung und einen Überblick über den Stand des veröffentlichten Wissens zum Thema. Er bildet gemeinsam mit der empirischen Objektarbeit das inhaltliche Zentrum der Ausstellung, schafft ein Narrativ.

Weitere Detailstudien, für deren Erarbeitung auch externe Fachleute zugezogen werden können, beleuchten einzelne Aspekte des Themas

EINBLICK IN DIE PRAXIS

Das Museum für Kommunikation Frankfurt plante ab 2011 die Ausstellung „Außer Kontrolle? Leben in einer überwachten Welt“ (2.10.2013–23.2.2014) über die Möglichkeit von Kommunikationstechniken, Informationen über Menschen zu sammeln und systematisch auszuwerten. Auch unser neuartiger Umgang mit persönlichen Daten, das gewandelte Verhältnis von Öffentlichkeit und Privatheit und das Verhältnis von individueller Freiheit zu kollektiver Sicherheit sollten thematisiert werden. Hintergrund waren aktuelle Debatten um Google Street View, Videoüberwachung im öffentlichen Raum etc.

Ab 2012 begann der Kurator das Thema einzugrenzen und definierte dafür zunächst das Verständnis des zentralen Begriffs „Kontrolle“: Jede materielle oder immaterielle Art, Wissen über Menschen zu erhalten (Überwachen), um ihnen aufgrund dieser Ressource einen fremden Willen aufzuzwingen (Steuern). Im Anschluss folgten ein intensives Studium geschichts-, politik-, kultur- und technikwissenschaftlicher Literatur und erste Recherchen nach konkreten Instrumenten und Spuren der Kontrolle. Nach etwa zehn Monaten Arbeit war ein erstes Konzept fertig. Als Kontrollakteure wurden dabei Staaten, Unternehmen und sich gegenseitig überwachende Individuen identifiziert und zu Kategorien erklärt, nach denen die Ausstellung untergliedert sein soll. Dennoch lag das Hauptaugenmerk nicht auf den Kontrolleuren, sondern auf den Kontrollierten, weil nur so die Frage nach den Auswirkungen von Überwachtheit auf unser Leben zu untersuchen war. In einer zweiten Perspektive historisierte das Projekt die Kontrolle, betonte ihre Entwicklung durch die gesamte Moderne hindurch, um sie als essentielle gesellschaftsbildende Technik darzustellen. So sollte geklärt werden, ob allein die neuen technischen Möglichkeiten der Überwachung auch den Anspruch auf Steuerung des Menschen erhöhen oder ob die Techniken in bestehende moralische und rechtliche Gefüge eingepasst werden. Die im Konzeptpapier formulierten Thesen strukturierten das Projekt und gaben allen kommenden Aufgaben, ob Objektarbeit oder Szenografie, einen inhaltlichen Plan vor.

eindringlicher und formen so das geistige Gerüst der Ausstellung. Dieser Inhalt ist noch zu untergliedern, das gesamte thematische Feld bedarf also einer Struktur, die sich dann in Form von Abteilungen in der Ausstellung wiederfindet. Alle Texte zusammen dienen als Vorlagen für die Einführungs- und Abteilungstexte der Ausstellung. Sie können auch als ausstellungsbegleitende Aufsätze in einem Katalog gemeinsam mit Abbildungen und Beschreibungen ausgewählter oder aller Exponate veröffentlicht werden. Die einzelnen Kapitel des Katalogs sollten der inhaltlichen Gliederung des Themas entsprechen.

Erst wenn diese Textarbeit fertig ist, alle auszustellenden Objekte feststehen, nach Abteilungen und innerhalb dieser zueinander geordnet sowie in einer Objektliste verzeichnet sind, alle begleitenden Aufsätze und sonstigen Medien produziert sind und wenn ein Gestaltungsplan existiert, dann sollten alle diese konzeptionellen Überlegungen in einem sogenannten Drehbuch zusammengefasst werden. Diese textliche und bildliche Repräsentation der Ausstellung verzeichnet alle Inhalte, verfestigt das gesamte Ausstellungsmachen und führt damit den Beteiligten vor Augen, ob die bisher erarbeiteten Konzepte in sich schlüssig sind und ein stimmiges Ganzes ergeben.

Die Inhalte der Ausstellung sind nun komplett auf Papier gebracht, geschrieben ist sozusagen die Erzählung, die die Objekte und ihre Inszenierung wiedergeben werden. Damit wird auch klar, dass Ausstellungsmacher keine allgemeingültigen Wahrheiten erzählen, sondern das Narrativ schaffen. Sie sind die Urheber des Sinns und erwerben dadurch buchstäblich Autorität. Sie schreiben ihre Interpretation des Themas in die Ausstellung ein, indem sie bestimmte inhaltliche Schwerpunkte setzen, Objekte auswählen, andere weglassen und die Ausstellung selbst gliedern: Sie schaffen die inhaltliche Struktur, entwerfen Abteilungen, ordnen darin die Objekte in bestimmter Weise an, stellen bewusst die einen neben die anderen und trennen die dritten davon. Schließlich versehen sie die Abteilungen und Objekte mit interpretierenden Texten, die eine individuelle Deutung spiegeln. Wenn man so will, konstruieren sie die Inhalte der Ausstellung und geben sie durch ihre soziale Autorität an die Besucher weiter.

Nicht nur inhaltlich arbeitende Kuratoren schaffen Sinn, sondern auch andere Elemente wirken an der Erzählung mit, etwa die Gestaltung, die die Sinne der Besucher auf eher emotionalem Weg anspricht, die pädagogischen Vermittlungsstrategien und nicht-menschlich intendierte Faktoren wie der Raum, in dem die Ausstellung zu sehen ist. Somit präsentieren die Ausstellungsmacher den Besuchern einen vielstimmigen Chor, den sie selbst nicht mehr in allen Teilen verstehen können.

TIPP

1. Seien Sie sich der Konstruiertheit Ihres Narrativs bewusst, und verfallen Sie nicht der Überheblichkeit, dass Ihre Interpretation die einzig mögliche oder sinnvolle sei.

2. Die Konstruktionen müssen für die Rezipienten nachvollziehbar und plausibel sein, wenn sie einen Anspruch auf Legitimität erheben.

3. Setzen Sie Ihre Autorität spärlich ein, nicht nur weil eine übermäßige Belehrung die Besucher langweilt, sondern weil die Offenheit, Nicht-Eindeutigkeit und dadurch die Fähigkeit zum eigenständigen Urteil der Rezipienten die Erkenntnisleistung einer Ausstellung erst vervollständigt.

Sie können diese Komplexität reduzieren, indem sie sich auf einen Aspekt der Autorität beschränken, etwa den der Vermittlungsarbeit. Das Deutsche Museum, München, verfolgt zum Beispiel das Leitbild, der Öffentlichkeit „von Meisterwerken der Naturwissenschaft und Technik" zu erzählen und ihre Besucher somit im Sinne einer Akzeptanz moderner Theorien und Verfahren aufzuklären. Die Autorität liegt hier bei den naturwissenschaftlich-technischen Praktikern, und die Kuratoren sind lediglich vermittelnde Instanzen.

Alternativ kann man die Komplexität des Systems Ausstellung auch bewusst aufrechterhalten und durch Verzicht auf Eindeutigkeit und einfache, lineare Narrative die Rezipienten zu eigenständigem Denken animieren. Ausstellungsmacher müssen nicht mit dem Anspruch antreten, aus überhöhter Warte das gesamte inhaltliche Feld abarbeiten und deuten zu wollen. Stattdessen können sie durchaus die Probleme auch nur andeuten und somit eine offene Ausstellung entwerfen. Das heißt, sie präsentieren das Thema als ein weites, nicht bis in den letzten Grashalm bestelltes Feld – was nicht nur metaphorisch zu verstehen ist. Denn durch die Anordnung der Objekte wird buchstäblich ein flächenhaftes Feld erschlossen, die Argumente stehen im Raum und folgen nicht wie in einem textlichen Diskurs allein zeitlich-linear aufeinander. Diese Weite, das Offene ermöglicht es, einen spielerischen Umgang mit dem Thema zu pflegen, keine eindeutigen Antworten zu geben und den Besuchern Raum für Assoziationen und eigenständige Reflexionen zu lassen. Sie generieren dann ihren eigenen Sinn, wenn sie die Ausstellung nach ihren eigenen Regeln rezipieren.[4] Sie denken individuell weiter und verstehen Zusammenhänge, die den Kuratoren in der Komplexität des Gesamtwerks verschlossen blieben. So werden die Besucher zu Autoren.

4 Näheres dazu im Kapitel „Vermittlung".

EINBLICK IN DIE PRAXIS

Abb. 5: Münzschrank aus der Forschungsstelle für Islamische Numismatik (hinten)

Mit dem Thema „Der Schrank in den Wissenschaften" diskutierte das Museum der Universität Tübingen die nicht leicht nachvollziehbare und unter Sozialwissenschaftlern umstrittene These, dass nicht nur Menschen, sondern auch Dinge Sozialsysteme konstruieren (siehe Anke te Heesen u. Anette Michels (Hg.): auf\zu. Der Schrank in den Wissenschaften, Berlin 2007). Bei der genauen Analyse eines sozialen Felds sei demnach die materielle Umwelt als aktives Element zu berücksichtigen. Die Kuratoren führten den Besuchern unter anderem vor Augen, welche Rollen ein Schrank in einem Forschungsinstitut übernehmen kann (Abb. 5): Er ordnet und speichert das dort entstehende Wissen, aber er ordnet auch die sozialen Hierarchien, weil nicht jeder auf ihn zugreifen und in ihm etwas verändern darf. Dieser spezielle Fall verdeutlicht die Theorie besser als jeder lange Text, er macht das Thema buchstäblich anschaulich und fassbar.

Sicherlich darf man nicht in theoretischen Überlegungen steckenbleiben, sondern die Komplexität des Narrativs muss verstehbar für unvorbereitete Besucher werden, ohne dass dabei verkürzt und unmäßig vereinfacht würde. Hier hat die Ausstellung eine ureigene Chance. Denn das abstrakte Narrativ wird von ganz konkreten Objekten repräsentiert, die anspruchsvolle Probleme buchstäblich greifbar und dadurch einfacher zu verstehen machen.

ZUSAMMENFASSEND, WAS ZEICHNET EINE AUSSTELLUNG AUS?

DINGLICHKEIT

Die Ausstellung ist eine Übermittlerin von Informationen, indem sie das Wissen und Nicht-Wissen der Ausstellungsmacher repräsentiert. Andererseits präsentiert sie echte Dinge in ihrer ungebrochenen Materialität und unterscheidet sich damit fundamental von den Massenmedien, mit denen wir es in unserem Alltag gemeinhin zu tun haben und von denen unsere Rezeptionskultur geprägt ist. Sie ist demnach ein Wissensmedium, dessen Wesensmerkmal ihre Nicht-Medialität ist.

Wenn Ausstellungen Dinge direkt und unmedial präsentieren, dann sprechen sie das Publikum auch direkt emotional und ästhetisch an. Besucher lassen sich beispielsweise von den schieren Ausmaßen der Exponate beeindrucken, etwa der Concorde im Verkehrsmuseum Sinsheim mit ihrer Länge von 62 Metern und einem Gewicht von fast 190 Tonnen (Abb. 6). Sie können auch bestimmte deutlich gekennzeichnete oder vom Aufsichtspersonal zur Verfügung gestellte Objekte berühren und sich diese somit zusätzlich zur Visualität über einen haptischen Zugang erschließen. Ausstellungsmacher sind allerdings nur allzu leicht versucht, den emotional-ästhetischen Aspekt in den Vordergrund zu stellen, kein Wissen mehr zu vermitteln und einen besucherträchtigen, aber inhaltsleeren Erlebnispark zu schaffen. Dieses Erlebnis, die direkte Konfrontation mit Dingen, dient jedoch umgekehrt der Verständlichkeit, sollte also auch nicht geringgeschätzt werden. Ausstellungen müssen ein Thema nicht mit Anspruch auf Vollständigkeit erläutern, sondern können es schlaglichtartig anhand konkreter Beispiele und repräsentiert durch verständliche Objekte aufzeigen. Dadurch lernen die Rezipienten buchstäblich im Vorbeigehen, informell, und können Zusammenhänge nachvollziehen, die textliche Diskurse theoretischer und dadurch komplizierter ausdrücken.

Abb. 6: Concorde im Verkehrsmuseum Sinsheim

KOMPLEXITÄT

Der inhaltlichen Konkretisierung steht eine enorme kommunikationstheoretische Komplexität gegenüber. Das Spannungsfeld des Ausstellungsmachens erstreckt sich zwischen Wissensproduktion, Wissensvermittlung und Unterhaltung. Die Ausstellung muss das Interesse der Besucher auf ästhetischer und intellektueller, emotionaler und rationaler Ebene wecken. Gelingt dies, dann ist die Ausstellung unterhaltend. In diesem Sinne rückt der Unterhaltungsanspruch auch nicht in die anrüchige Ecke, man ordne sich sklavisch den Anforderungen einer Spaßgesellschaft unter. Stattdessen sollten Ausstellungsmacher versuchen, ein Bildungsangebot anregend und kurzweilig zu präsentieren. Dieser Anspruch macht Ausstellungen zu einem komplexen Gebilde, in dem unterschiedliche Professionen sich auf die Einzelgebiete des Ausstellungsmachens spezialisieren, die Experten aber in enger Kopplung zusammenarbeiten müssen. Das Vorwissen, die Interessen, der Geschmack und die Belastbarkeit der Besucher müssen von den einen eruiert[5] und von den anderen bereits in die konzeptionellen Überlegungen übernommen werden. Neben diesen Spannungen zwischen Produktion und Rezeption von Wissen ergeben sich noch solche zwischen den materiellen Objekten und dem ideellen Narrativ sowie zwischen schriftlichem Konzept und Inszenierung im Raum. All diese Elemente einer Ausstellung spielen ineinander und zum Teil gegeneinander und erzeugen in vielfachen Wechselwirkungen ein Ganzes. Um das Produkt Ausstellung möglichst planmäßig herzustellen, muss man dieses komplexe System in seiner Entstehung soweit irgend möglich zu verstehen versuchen und all seine Elemente in Konzeption und Realisierung berücksichtigen.

5 Siehe Kapitel „Vermittlung".

OFFENHEIT

Dass das System Ausstellung einen hohen Komplexitätsgrad erreicht und die Ausstellungsmacher selbst nicht all die erwähnten Wechselwirkungen durchblicken können, kann auch eine Chance sein. Dann bietet sich den Besuchern die Möglichkeit, sich mit den Inhalten aktiv auseinanderzusetzen und Antworten auf die konzeptionellen Fragen zu finden, die ihnen nicht von Kuratoren vorgegeben sind.

Ausstellungen bestehen nicht aus einem geradlinigen Gefälle von einem wissenden Produzenten zu einem lernenden Rezipienten, sondern die Besucher haben immer die Möglichkeit, aus der bestehenden Ausstellung herauszulesen oder in sie hineinzuinterpretieren, was sie wollen. Konkret nehmen Besucher nicht nur die vorgegebenen Informationen auf, sondern reagieren auch darauf, bleiben vor bestimmten Objekten besonders lange stehen, interessieren sich für andere gar nicht, nehmen begleitende Texte wahr oder nicht, erfassen das Konzept oder machen ganz eigene Erfahrungen. Die Rezeption ist auch deshalb ein wenig steuerbarer informationeller Prozess, weil sie oft in Gruppen erfolgt. Dadurch können die Besucher nicht nur in individueller Assoziation, sondern in direkter Kommunikation untereinander zu Erkenntnissen gelangen, die von den kuratorisch intendierten stark abweichen. Textliche und filmische Werke sind an die Zeit des Rezipierens gebunden, die Linearität des Lesens und Sehens gibt der erzählten Geschichte eine klare Struktur vor. Seit Jahrzehnten versuchen Künstler und Wissenschaftler, diese Struktur zu überwinden, um der Komplexität des realen Lebens gerecht zu werden. Berühmt geworden ist Jean-Luc Godards Sinnspruch „Jede Geschichte hat einen Anfang, eine Mitte und ein Ende, aber nicht unbedingt in dieser Reihenfolge.“ Durch die räumliche Inszenierung und die flanierende Rezeption ihrer Besucher unterliegt die Ausstellung solchen Beschränkungen nicht. In diesem Sinn ist sie ihrem Wesen nach ein poststrukturalistisches Wissensmedium.

Dieser Situation durch überbordende belehrende Tafeln oder eine linear-kausale Inszenierung, die auf einen einzelnen Sinn zuläuft, entgegenzuwirken, hieße die Ausstellung ihrer originären Stärke zu berauben. Man erzeugte damit Langeweile und wirkte abschreckend schulmeisterlich. Vielmehr sollte man die Assoziativität der Besucher als Teil des Erkenntnisgewinns einer Ausstellung mit einbeziehen, obwohl diese Offenheit dem wissenschaftlichen Anspruch einer Ausstellung ein Stück weit zuwider läuft. Denn die Kriterien der Wissenschaftlichkeit sind Nachprüfbarkeit und Reproduzierbarkeit. Doch möchte die Ausstellung dermaßen eindeutig und festgelegt gerade nicht sein. Möglich und wünschenswert ist es allerdings, durch eine systematische Evaluation mittels Besucherbefragung und -beobachtung deren Reaktionen herauszufinden, zu dokumentieren und daraus für zukünftige Projekte zu lernen. So wird die Ausstellung zu einer echten Kommunikation zwischen Produzenten und Rezipienten.

Die Betrachter als Teil der Ausstellung zu akzeptieren, fordert einiges von den Machern und den Besuchern selbst, beide Seiten müssen sich Gedanken über die Bedingungen und Intentionen sowohl der Produktion als auch der Rezeption machen. Dadurch wird eine gute Ausstellung weniger leicht zu fassen als bloße Shows und Events, aber auch einzigartig. Eine Ausstellung kann dann „Erkenntnisort“ und „Erlebnisort“ gleichzeitig sein und damit ästhetisch und intellektuell anregen wie kaum eine andere kulturelle Erfahrung.

GRUNDLEGENDE/WEITERFÜHRENDE LITERATUR

ARGE schnittpunkt (Hg.): Handbuch Ausstellungstheorie und -praxis (UTB), Wien u.a./Stuttgart 2013

Baur, Joachim (Hg.): Museumsanalyse. Methoden und Konturen eines neuen Forschungsfeldes, Bielefeld 2010

Fliedl, Gottfried u.a. (Hg.): Der Berg im Zimmer. Zur Genese, Gestaltung und Kritik einer innovativen kulturhistorischen Ausstellung (= Edition Museumsakademie Joanneum 2), Bielefeld 2010

Graf, Bernhard u. Volker Rodekamp (Hg.): Museen zwischen Qualität und Relevanz. Denkschrift zur Lage der Museen (= Berliner Schriften zur Museumsforschung 30), Berlin 2012

Habsburg-Lothringen, Bettina (Hg.): Dauerausstellungen, Bielefeld 2012

Heesen, Anke te u. Petra Lutz (Hg.): Dingwelten. Das Museum als Erkenntnisort (= Schriften des Deutschen Hygiene-Museums Dresden 4), Köln u.a. 2005

Heesen, Anke te: Theorien des Museums zur Einführung, Hamburg 2012

Kirchhoff, Heike u. Martin Schmidt (Hg.): Das magische Dreieck. Die Museumsausstellung als Zusammenspiel von Kuratoren, Museumspädagogen und Gestaltern, Bielefeld 2007

Korff, Gottfried: Museumsdinge. Deponieren – Exponieren, hg. von Martina Eberspächer, Köln u.a. 2002

Natter, Tobias G. u.a. (Hg.): Die Praxis der Ausstellung. Über museale Konzepte auf Zeit und Dauer, Bielefeld 2012

Pöhlmann, Wolfger: Handbuch zur Ausstellungspraxis von A bis Z (= Berliner Schriften zur Museumsforschung 5), Berlin 2007

Tyradellis, Daniel: Müde Museen. Oder: Wie Ausstellungen unser Denken verändern könnten (Edition Körber-Stiftung), Hamburg 2014

Waidacher, Friedrich: Handbuch der allgemeinen Museologie, 3. Aufl., Weimar/Wien 1999

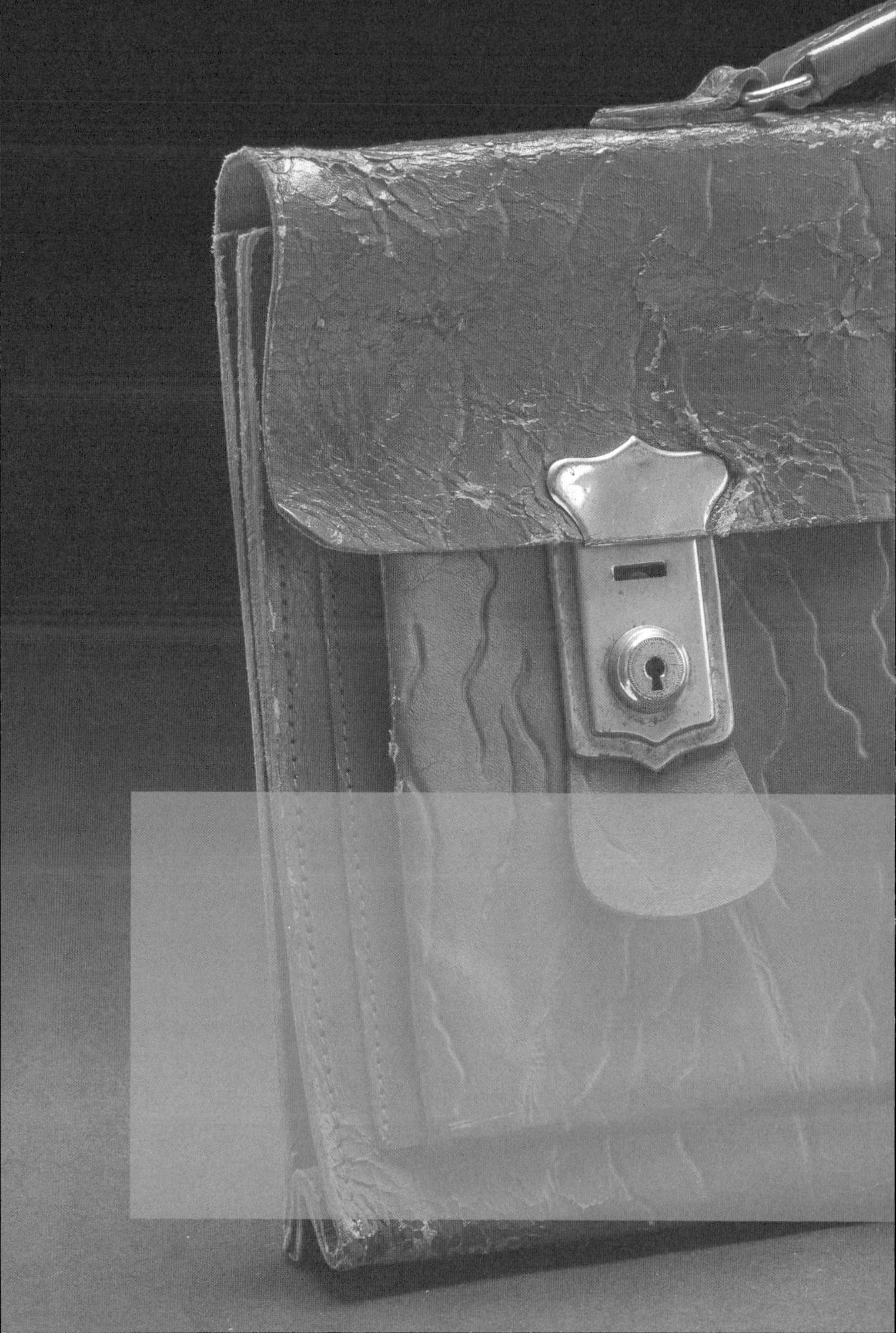

OBJEKTE

3. OBJEKTE

Bereits die Begriffe „Objekt“ oder „Ding“ machen deutlich, dass der zentrale Gegenstand der Museums- und Ausstellungsarbeit ein sehr weiter ist, ja dass wir es beinahe mit allem zu tun haben. Die Sammlung, Erforschung und Präsentation aller möglichen Dinge ist das Kerngeschäft eines Museums. Zu unterscheiden ist zunächst nur zwischen natürlichen und kulturellen, also von Menschen hergestellten Dingen. Weil außerhalb von Naturkundemuseen die zweitgenannten relevant sind, gelten die folgenden Überlegungen solchen kulturellen Artefakten; die meisten jedoch treffen auch auf Steine, Tierpräparate oder ähnliches zu.

Als eine weitere kategorische Unterscheidung werden oft unter Museumsobjekten nur dreidimensionale Dinge verstanden und diese von geschriebener oder gezeichneter „Flachware“ abgegrenzt. Doch schon hier stößt das Begrenzen an seine Grenzen, denn gerade Bilder und Grafiken sind ein bedeutender Gegenstand des Museums, ja die Präsentation von Malerei wird öffentlich oftmals als die Aufgabe des Museums schlechthin verstanden, und viele Laien können sich unter einem Museum nicht mehr vorstellen als eine Kunstausstellung.

Schließlich kann man zwischen gegenständlichen Dingen und audiovisuellen Medien unterscheiden, ohne die zweitgenannten aber als reine pädagogische Hilfsmittel abzutun und ihnen den Status vollwertiger Ausstellungsobjekte zu verwehren. Denn in einer Kultur, die immer mehr Medienprodukte anhäuft, werden auch diese museal

Abb. 8: Dauerausstellung im Deutschen Historischen Museum

In der Abteilung zu den Jahren 1949–1994 der Dauerausstellung im Deutschen Historischen Museum dokumentiert ein kurzer Film den DDR-Volksaufstand am 17. Juni 1953 (Abb. 8, in der rechten Vitrine). Der Kameramann Gerhard Treblegar drehte die Geschehnisse in Leipzig. Nachdem der Film lange vor der Staatssicherheit versteckt worden war, ging er über Umwege 2003 in die Sammlung des DHM ein. Er ist ein historisches Dokument von hoher Aussagekraft, weil er die einzige authentische Aufnahme vom 17. Juni ist, die nicht von West-Reportern gemacht wurden, das historische Ereignis also von unten, aus Sicht der Aufständischen selbst darstellt. Das Medium Film ist somit zu einem bedeutenden und vollwertigen Ausstellungsobjekt geworden.

gesammelt und stehen Ausstellungsmachern entsprechend zur Verfügung. Man denke nur an Medienkunst, die mittlerweile einen zentralen Platz in Ausstellungen zur zeitgenössischen Kunst hat, oder an Filmausschnitte, die wichtige Zeugnisse beispielsweise in historischen Museen und Technikmuseen bilden. Auch Daten als Gegenstände der digitalen Welt finden sich immer häufiger im Museum wieder. Über Strategien zur Datenvisualisierung, etwa Grafiken oder Schaubilder, werden sie zu Ausstellungsobjekten, konkretisieren abstrakte Zusammenhänge und ermöglichen Besuchern somit Lernerfahrungen.

Wie nun ist es möglich, allgemeine Ratschläge für den Umgang mit diesem „Alles“ zu geben? Wir müssen uns auf Charakteristika beschränken, die sämtliche Dinge im Museum betreffen und Probleme ansprechen, die in der Museumsarbeit mit hoher Wahrscheinlichkeit auftreten: Jedes Ding weist eine ihm eigene Struktur auf, es besitzt eine gewisse Materialität, hat eine bestimmte Größe, Farbe etc. Dann funktioniert es in bestimmter Weise, oder es wurde zu einem bestimmten Zweck verwendet. Schließlich hat es für alle, die mit ihm umgehen, eine bestimmte Bedeutung, die sich wandeln kann und dann auch die Funktion des Dings verändert. Wer Museumsdingen gerecht werden will, muss diesen Bedeutungswandel verstehen.

I. BEDEUTUNGSEBENEN VON OBJEKTEN

1. DAS OBJEKT IN SEINER URSPRÜNGLICHEN FUNKTION

Betrachten wir ein Ding zunächst in seiner ursprünglichen Umgebung. Es ist mit einer bestimmten Struktur und zu einer bestimmten Funktion hergestellt worden. Wie sieht es also aus, wo und wie wurde es verwendet? Genauso wie diese technische Ebene, ist auch eine kulturelle interessant: Welche Erwartungen verknüpften die Produzenten mit der Herstellung und dem Vertrieb des Objekts, und welchen Zweck hatte es für sie? Wie gingen die Nutzer mit ihm um? War es ein Erfolg, ein Flop, oder entwickelten es die Nutzer so weiter, dass es in einer neuen Funktion verwendet wurde?

Neben seiner unmittelbaren Struktur und Funktion macht sein politisch-ökonomisch-diskursiver Rahmen das Ding zu dem, was es ist. Nicht nur sein Handlungskontext, also das, wie und wozu es verwendet wurde, sondern auch alles, was über das Ding verfasst und gesagt wurde, wie es von den Zeitgenossen seiner Verwendung gedeutet wurde, macht das Ding aus. Und schließlich ist es nicht nur das, was es ist, es ist auch das nicht, was es nicht ist. Deshalb muss es historisch kontextualisiert werden. Eine Analyse muss fragen, ob ein Ding typisch für eine bestimmte Zeit, eine Kultur oder einen Ort ist oder ob es etwas Singuläres ist und worin dann die Außergewöhnlichkeit besteht. Nur mit diesem Wissen können das Ding und die Räume, in denen es verwendet wurde, verstanden werden, und Ausstellungsmacher können mittels dieser Dinge von den Kulturen erzählen, in denen sie verwendet wurden. Denn Dinge beeinflussen die Kulturen, in denen sie hergestellt und benutzt wurden, genauso wie sie von ihren kulturellen Voraussetzungen geprägt wurden.

2. OBJEKTE IN EINER SAMMLUNG

In Sammlungen erhalten Objekte einen archivarischen Charakter. Neben Materialität, Funktion und ursprünglicher Bedeutung eines Dings ist aus museologischer Sicht von Interesse, warum es nach seinem „Dienstende" bewahrt worden ist. Warum sind bestimmte Objekte in eine Sammlung eingegangen, welche Bedeutung haben sie jetzt darin, wem liegt an der historischen Reflexion der Dinge samt ihres kulturellen Rahmens? Grundsätzlich werden Dinge aus dem natürlichen menschlichen Trieb heraus gesammelt, immer mehr haben zu wollen, oder aus dem Verlangen heraus, bestimmte wertvolle Objekte zu besitzen und für die Nachwelt oder sich selbst zu bewahren.[1] Der eine Antrieb führt zu einer Expansion, der andere zu einer Konzentration der Sammlung. Ein bürgerlich-demokratischer Grund des Sammelns ist zudem, dass Objekte erforscht und der Öffentlichkeit präsentiert werden sollen.[2] Sammelnde Institutionen verfolgen einen Unterhaltungs- und/oder Bildungsauftrag und wählen demnach Objekte aus, anhand derer sich bestimmte natürliche oder kulturelle Phänomene vermitteln lassen oder deren individuelle Aura ein Publikumsinteresse verspricht.

3. OBJEKTE IN EINER AUSSTELLUNG

Wenn Objekte ausgestellt oder sonst wie einem Publikum zu dessen Belehrung oder Unterhaltung präsentiert werden, erhalten sie einen vermittelnden Charakter. Sie transportieren nun für eine Ausstellung spezifische Aussagen – und das nicht nur für sich allein, sondern auch in Wechselwirkung mit den anderen ausgestellten Objekten. Miteinander bilden sie nun das Zeichensystem, das für die Besucher zum Narrativ

1 So Jochen Brüning: Der Teil und das Ganze. Motive einer Ausstellung, in: Theater der Natur und Kunst/Theatrum naturae et artis. Wunderkammern des Wissens (Katalog zur gleichnamigen Ausstellung der Humboldt-Universität), hg. v. Horst Bredekamp, Jochen Brüning u. Cornelia Weber, Bd. 2, Berlin 2000, S. 20–30.
2 Siehe Stefan Siemer: Sammeln, in: WeltWissen. 300 Jahre Wissenschaften in Berlin (Begleitband zur gleichnamigen Ausstellung), hg. von Jochen Hennig und Udo Andraschke, München 2010, S. 262–265.

der Ausstellung wird. In diesem Sinne erzählen jedes Objekt für sich und die Objekte in ihrer Gesamtheit die Geschichte der Ausstellung.

Die Transformationen von der originären Bedeutung der Dinge zu einer musealen Bedeutung und schließlich zu ihrer akuten Bedeutung in einer Ausstellung eröffnen drei unterschiedliche Bedeutungsebenen, durch die sich das Objekt semantisch verändert. Eine Objektanalyse muss diese Vielschichtigkeit einbeziehen und alle drei Ebenen berücksichtigen.[3] Dieses eher theoretische Wissen ermöglicht nun, mit den Objekten inhaltlich und praktisch zu arbeiten, um sie schließlich zum zentralen Teil einer Ausstellung zu machen.

II. ARBEIT MIT OBJEKTEN

Die Objektanalyse wird gemeinhin als die Forschungsaufgabe des Museums schlechthin verstanden. Ganze Disziplinen wie die Paläontologie oder die Archäologie sind Objekt- und Sammlungswissenschaften. Doch auch das Ausstellungsmachen kann als eine wissensproduzierende Tätigkeit, also als Forschungspraxis verstanden werden. Ihr empirischer Teil ist dann ebenfalls die Arbeit mit den Dingen: Die Objekte sind das primäre Material, an dem Kuratoren Erkenntnisse gewinnen. Sie entlocken ihnen Informationen, die noch niemand vor ihnen hatte und noch nirgends veröffentlicht sind. Demnach sind die Recherche, welche Objekte für das Thema infrage kommen, und die Analyse, welcher Sinn in

3 Diese Bedeutungswandel eines Objekts können ganze Bücher füllen, etwa bei Ralph Burmester: Die vier Leben einer Maschine. Das 500 MeV Elektronen-Synchrotron der Universität Bonn (= Deutsches Museum: Abhandlungen und Berichte 26), Göttingen 2010. Umgekehrt können Material, Funktion und Bedeutung weniger Objekte eine umfassende Globalgeschichte aufspannen, vgl. Neil MacGregor: Eine Geschichte der Welt in 100 Objekten, München 2011.

jedem einzelnen steckt, wie sie im gegenseitigen Wechselspiel zusätzlichen Sinn erzeugen und wie dieser Sinn Außenstehenden zu vermitteln ist, nicht nur eine Methode zur dinglichen Darstellung eines geistigen Sinns, sondern die zentrale kuratorische Aufgabe. Die in den Objekten steckenden Inhalte bilden das wissenschaftlich Neue, das noch nicht Dagewesene, und sie spannen das auszustellende Thema, das Narrativ der Ausstellung auf.

1. RECHERCHE, ANALYSE

Auf der Suche nach Objekten für die Ausstellung ist zunächst eine Vorrecherche auf der Sammlungsebene nötig. Welche Sammlungen kommen für die Ausstellung in Frage, was ist dort zu finden? Für diesen Schritt bieten sich ein Überblick auf der Webseite der Sammlungen, erste Gespräche mit deren Mitarbeitern und schließlich das Studium der Findbücher oder Datenbanken an.

Jedes ausgewählte Objekt ist auf seine Struktur, seine Funktionen, Bedeutungen und seine Provenienz, also Sammlungsgeschichte, hin zu befragen. Nützlich dazu sind die schriftlich oder digital gespeicherten Datensätze in der Sammlung, aber auch das genaue Betrachten des Objekts. Die sehende Analyse ist eine zentrale Kompetenz der Museumspraxis, unterscheidet sich aber fundamental vom Lesen von Texten und will erlernt sein! Wichtige Daten und Meta-Daten zum Objekt sind das Material und die Technik seiner Herstellung, seine Maße, die Zeit seiner Konstruktion und Verwendung, der Hersteller und eventuelle Inschriften. Von wesentlicher Bedeutung ist das Wissen, wie das Ding funktioniert oder verwendet wurde. Auch diese Informationen sollten

TIPP

Schon in diesem frühen Stadium ist es hilfreich, das Objekt in möglichst einfachen Worten zu beschreiben – nach dem Grundsatz: Klare Gedanken sind die Voraussetzung einer klaren inhaltlichen Struktur. Diese Leistung dient Ihrer eigenen Erkenntnis und erleichtert die spätere Vermittlung des Wissens ans Publikum. Haben Sie das Objekt gut erfasst, ist bereits eine wichtige Vorarbeit für die Objekttexte in der Ausstellung und einen eventuellen Katalog geleistet. Ebenso wichtig ist ein freundlicher und kompetenter Umgang mit den Sammlungsmitarbeitern, von der ersten Anfrage über die Arbeit mit Objekt und Datenbank sowie eventuellen Interviews bis hin zur Leihanfrage. Sie können nicht erwarten, dass diese die Recherchearbeit für Sie übernehmen. Zudem müssen Sie die Sammlungsleiter von Ihrem Projekt und der Bedeutung der vorgefundenen Objekte für die Ausstellung überzeugen. Nur so können Sie auf Kooperation und die Einwilligung in eine Ausleihe hoffen.

in einer Datenbank festgehalten sein, oder die Sammlungsmitarbeiter können die Funktion erklären oder vorführen, und wenn es konservatorisch möglich ist, können die Rechercheure sie selbst ausprobieren. Bei der Arbeit am Objekt müssen sie auch Fragen formulieren, die über dieses hinaus reichen und deren Umwelt betreffen. Um den Umgang mit den Dingen und die in sie eingeschriebenen Erwartungen zu erfahren, haben sie nun Zeitzeugen oder andere Experten in Interviews zu befragen und begleitende schriftliche Quellen aus gedruckter Literatur und Archiven heranzuziehen.

Die gewonnenen Informationen sind systematisch in einen Objektsichtungsbogen (Abb. 9) einzutragen. Dabei muss das Objekt auch eine klare Bezeichnung, einen „Titel“ erhalten, sofern dieser nicht bereits in der Datenbank vorliegt. Eine gute Formvorlage strukturiert das

Erschließen. Ebenso sollte das Erfassen bereits die Informationen über das Objekt im Hinblick auf das Ausstellungsthema kanalisieren. Zu notieren sind also nicht alle möglichen Informationen, sondern primär die, die dem Konzept zufolge relevant sind. Sollte allerdings die Objektanalyse ernsthafte Zweifel am Konzept entstehen lassen, ist umgekehrt dieses in Frage gestellt.

2. ORDNEN DER OBJEKTE

Sind einzelne, zum Ausstellungskonzept passende Objekte recherchiert, müssen sie in eine Ordnung gebracht werden. Kategorien müssen entwickelt werden, die eine Struktur in die Objekte bringen. Mögliche Ordnungskriterien sind die Chronologie oder bestimmte Typen von Funktionen und Bedeutungen der Dinge, durch die sich Schwerpunkte der Ausstellung bilden lassen. Die Ausstellung „WeltWissen. 300 Jahre Wissenschaften in Berlin" (Martin-Gropius-Bau, Berlin, 24.9.2010 bis 9.1.2011) fokussierte beispielsweise auf die Entstehung und Entwicklung des globalen Wissenschaftsstandorts Berlin, ging aber darüber hinaus und thematisierte Forschung und Lehre als umfassendes System von sozialen Verflechtungen und Praktiken. Neben epochalen Begrenzungen strukturierten entsprechend Tätigkeitsfelder wie „Entwerfen und Verwerfen", „Rechnen", „Vermessen", „Lehren" oder „Interpretieren" die Ausstellung.[4] Auch bei diesem Schritt hilft das Konzept, in dem kategorial unterschiedliche Aspekte auf das Ausstellungsthema genannt sein sollten. Wie sich diese Kategorisierung der Dinge am

4 Siehe dazu nochmals den Katalog WeltWissen. 300 Jahre Wissenschaften in Berlin, hg. v. Jochen Hennig und Udo Andraschke, München 2010.

Objektsichtung

Projekt:	**Bearbeitet von:**	**Datum:**
Mind|Things – Kopf|Sache	Moritz During	06.06.2012

Bezeichnung:
Epson HX-20

Künstler/ Autor/ Hersteller/ Erfinder:
Epson

Ort/ Jahr:
1983

Maße (H x B x T):
33cm x 39,6cm x 31 cm

Bild/ Foto:

Material:
Kunststoff, Metall

Herstellung/Technik:
Handbuch siehe http://files.support.epson.com/pdf/hx20__/hx20

Zustand:
gut, Gerät ist funktionstüchtig

Beschriftung:
"Epson HX-20", "Micro Cassette Drive"

Beschreibung (Geschichte, Funktion, Bedeutung, Umgang):
Einer der ersten Laptops der Welt (ausführliche Beschreibung siehe http://en.wikipedia.org/wiki/Epson_HX-20)

eingebautes Mikrokassettenlaufwerk
extern weitere Kassetten- oder Diskettenlaufwerke kompatibel
eingebauter Drucker
Schreibmaschinentastatur, QWERTZ, 68 Tasten
Bandgerät
vierzeiliger LCD-Monitor
Netzteil- und Akkubetrieb möglich
etwa 1,5 kg

Standort/ Inventarnummer/ Ansprechpartner:
Psychologische Sammlung Uni Tübingen, Schleichstraße 4, Inv.Nr. 004, Stefan Ellsässer

Abb. 9: Ein exemplarischer Objektsichtungsbogen

Ausstellungskonzept orientiert, so entwickeln umgekehrt die einzelnen Objekte und das durch die Arbeit mit ihnen gewonnene Wissen das Konzept weiter. Entsprechend wird es möglichst früh um eine idealerweise endgültige Objektliste ergänzt. Diese verzeichnet genau, aus welchen Exponaten die Ausstellung bestehen wird und welche Maße sie haben – damit die Gestalter eine Arbeitsgrundlage haben –, und sie legt die Abteilungen fest. Die entscheidende Frage dabei ist, welche Aussagen entstehen, wenn von den ausgewählten Objekten die einen zu einer Gruppe zusammengefasst und die anderen voneinander getrennt werden. Hier wird die Möglichkeit konkret, mit Objekten Inhalte zu generieren, hier zeigt sich die erzählerische Kraft von Ensembles. Die Ordnungsarbeit verdeutlicht einerseits einzelne Aspekte des bearbeiteten Themas, schärft den Blick auf die Details und macht somit erst das Ganze verstehbar. Bewusst muss den Kuratoren aber sein, dass sie andererseits ex post eine künstliche Ordnung über ein kulturelles Phänomen stülpen und dieses somit ein Stück weit konstruieren. Auch hier gilt: Man muss prüfen, wie weit diese Konstruktion für die Rezipienten nachvollziehbar und plausibel ist.

3. AUSSTELLEN DER OBJEKTE

Die nach dem Konzept geordneten Objekte werden nun dem Publikum präsentiert, aus Sammlungsobjekten werden Ausstellungsobjekte. Bevor wir uns mit inhaltlichen Themen auseinandersetzen, ist ein Appell an die Objektsicherheit nötig. Denn aus konservatorischer Sicht gibt es nichts Schlimmeres für ein Objekt, als das Depot verlassen zu müssen. Jedes Objekt braucht bestimmte Bedingungen bezüglich Temperatur, Luftfeuchte und Licht, um nicht zu Schaden zu kommen (bei Graphiken ca. 20 ^{0}C, ca. 50 % Luftfeuchtigkeit, <70 Lux).[5]

5 Genauere Anweisungen zu Materialien liefert Vom Umgang mit Museumsobjekten. Handhabung – Transport – Lagerung. Handreichung der ICOM-Schweiz 1988.

EINBLICK IN DIE PRAXIS

Abb. 10: Vitrinenreihung im Trachtensaal des Volkskundemuseums Graz

Im Trachtensaal des Volkskundemuseums Graz werden schlicht Trachten gezeigt, geordnet nach ihrer räumlichen und zeitlichen Verbreitung in der Steiermark (Abb. 10). Augenscheinlich stehen hier nur Objekte um ihrer selbst willen und textlich nur wenig kommentiert. Tatsächlich aber konstruiert dieses Ensemble das „Steirische", es behauptet zu zeigen, was steirisch sei, warum dies so sei, was also an dieser Kultur spezifisch sei, über welchen Raum sich das Steirische erstrecke, welche Varianten noch dazu gehörten und welche nicht mehr, was also fremdartig sei und schließlich wie alt die steirische Kultur schon sei, dass sie nämlich bereits in der Römerzeit ihre Ursprünge habe und sich seitdem kontinuierlich entwickelt habe. Pikanterweise ist diese Ausstellung in den 1930er Jahren entstanden, als „Rassenforschung" hohe Konjunktur hatte. Solche historisch gewordenen Ausstellungen eignen sich gut, um ein Verständnis für das Ausstellen zu entwickeln. Einerseits zeigen sie, dass Ausstellungen in einer bestimmten Zeit und mit einem bestimmten kulturellen Rahmen produziert worden sind. Andererseits lässt eine fremd gewordene Ausstellung leichter erkennen, welche zeitlichen oder kulturellen Intentionen, welche Modeerscheinungen des Denkens das Produkt geprägt haben, als dies in vertrauten, scheinbar selbstverständlichen Umgebungen möglich wäre.

Der Transport ist die heikelste Phase, weil dabei neben der klimatischen Belastung auch das Risiko besteht, dass die Objekte durch Unachtsamkeiten beschädigt werden. Außerdem gefährdet während der Ausstellung selbst der Kontakt mit Besuchern die Objekte, sei es durch Vandalismus oder Diebstahl. Bei der Arbeit mit dem Objekt gilt also stets, dass dessen Sicherheit im Vordergrund steht. Wer sich des kulturellen Werts, den ein Museumsobjekt in einer inhaltlichen und materiellen Dimension besitzt, bewusst ist, sollte auch den nötigen Respekt vor ihm aufbringen und es pfleglich behandeln. Oberstes Gebot dabei ist der sorgsame Umgang mit den Objekten. Nur wenn die Kuratoren dementsprechend für die Objekte garantieren können, werden sie auch eine Einwilligung zur Leihe erhalten. Diese Hürde entfällt zwar, wenn in einem kleinen Haus dieselbe Person für Sammlung und Ausstellung verantwortlich zeichnet. Sobald aber eine personelle Trennung zwischen diesen beiden Gebieten der Museumsarbeit besteht oder ein Objekt aus dem Besitz eines anderen Museums ausgestellt werden soll, beginnen die Mechanismen des Leihverkehrs zu greifen. Die Bedingungen stellt dabei immer die verleihende Seite.

TIPP

Beim Umgang mit Objekten gilt eine Abwandlung von Murphy's Law: Was zu Schaden kommen kann, wird zu Schaden kommen. Lassen Sie entsprechende Vorsicht walten, schon bei ganz kleinen Handlungen. Benutzen Sie z.B. immer Baumwollhandschuhe, fassen Sie alle Objekte mit beiden Händen an und stellen Sie nichts unachtsam ab, wo Sie selbst oder andere dagegen stoßen könnten. Beachten Sie beim Aufstellen oder Hängen im Ausstellungsraum neben oder sogar vor der inhaltlichen Anordnung der Objekte die Sicherung vor Berührungen, Um- oder Hinunterfallen und Diebstahl.

Die Aufgabe der Ausstellungsmacher ist es zunächst, eine formale schriftliche Anfrage an das Museum zu richten, das das gewünschte Objekt besitzt. Darin sollten sie das Objekt samt Inventarnummer benennen und über ihr Projekt und die Rolle des Objekts darin informieren. In der Regel macht das verleihende Museum seine Zusage von den konservatorischen und sicherheitstechnischen Bedingungen vor Ort abhängig und kann dazu einen „Facility Report“[6] anfordern, der die Bedingungen von Transport über Klima und Schädlinge bis hin zu Alarmanlagen und Aufsichtskräften abfragt. Daneben entscheidet der Zustand des Objekts selbst über eine Leihe. Wenn ihm aus konservatorischer Sicht ein Ortswechsel zu sehr schadet, wird die Anfrage wohl negativ beschieden – es sei denn die Ausstellungsmacher erklären sich bereit, die Restaurierung zu finanzieren. Denn dies ist ein wichtiger Grund, warum das Verleihen für ein Museum interessant sein kann. Außerdem ist die Präsentation seiner Objekte an anderen Orten auch ein Marketingargument, und der Leihgeber kann – nach dem Motto „Eine Hand wäscht die andere“ – vom Leihnehmer eine gewisse Dankbarkeit erwarten und darauf hoffen, dass er sich in Zukunft umgekehrt bedienen darf. Auch inhaltliche Erwägungen können eine Rolle spielen, wenn der Leihgeber ein wichtiges oder innovatives Ausstellungsprojekt unterstützen will. Oder die handelnden Personen tun sich aus persönlicher Sympathie und Kollegialitätsgründen schlicht und einfach einen Gefallen. Wenn einer dieser Gründe, die die Leihnehmer während der Verhandlungen durchaus explizit ansprechen dürfen, zu einem positiven Bescheid führt, dann setzt der Leihgeber einen Leihvertrag auf, in dem er seine Bedingungen diktiert.[7] Er kann das Transportunternehmen bestimmen,

6 Eine Vorlage dafür stellt der Deutsche Museumsbund bereit unter http://www.museumsbund.de/fileadmin/ak_ausstellung/dokumente/Facility_Report.pdf [Zuletzt gesehen am 19.12.2011].

7 Einen (englischsprachigen) Standard-Leihvertrag hat das Network of European Museum Organisations entworfen. Siehe http://www.ne-mo.org/fileadmin/Dateien/public/NEMO_Standard_Loan_Agreement/NEMO_Standard_Loan_Agreement.pdf [Zuletzt gesehen am 29.09.2012].

die Versicherungskonditionen festlegen, auf die Begleitung des Transports durch einen Kurier aus seinem Haus bestehen und wird die anfallenden Kosten selbstredend den Ausstellungmachern überlassen. Schnell wird somit klar, dass Leihnahmen ein großer Posten auf der Soll-Seite des Ausstellungshaushalts sind. Externe Objekte aufzunehmen, ist also nur anzuraten, wenn sie für den Inhalt unverzichtbar sind.

Aus inhaltlicher Sicht sind vier wesentliche Punkte zu beachten, wenn die Dinge in eine Ausstellung eingehen:

1. Objekte dürfen nie zu reinen Illustrationen eines intellektuellen Narrativs werden. Sie sind das konzeptionelle Zentrum einer Ausstellung, um das alle Texte herum entstehen und von dem diese abhängen. Das ist das kulturelle Alleinstellungsmerkmal, ja das Wesen schlechthin einer musealen Ausstellung.

2. Es müssen nicht möglichst viele Objekte ausgestellt werden, sondern nur solche, die besonders aussagekräftig oder ansprechend sind. Beispielsweise kann auch je ein kategorisch selbständiges Objekt einen Schwerpunkt repräsentieren, oder ein kleines Ensemble das Thema erzählen. Wichtig ist jedenfalls, dass sich jedes Objekt ins Konzept einpasst, und umgekehrt, dass der Objektstamm das Konzept bestimmt.

3. Die genannten unterschiedlichen semantischen Ebenen der Objekte dürfen nicht vermischt werden: Es ist verwirrend und für unvorbereitete Betrachter nicht nachvollziehbar, wenn ein Objekt mit einer scheinbar authentischen Bedeutung ausgestellt wird, während ein anderes eine ausstellungsspezifische Symbolik transportiert.

4. Vor einem bedeutenden Problem stehen Ausstellungsmacher immer wieder: Sie stellen dynamische Dinge statisch aus. Wie demonstrieren sie die einem Objekt innewohnende Funktion und seine Dynamik? Wie können die Besucher ein Objekt begreifen, ohne es anzufassen? Technische Museen sind beispielsweise oft damit konfrontiert, dass nicht das Aussehen und der Aufbau der ausgestellten Maschinen, sondern die Arbeiten, die sie verrichten, das Narrativ der Ausstellung transportieren.

Das Problem der Dynamisierung einer Ausstelllung wird uns in der Folge immer wieder beschäftigen. Hier zeigt sich einmal mehr, dass Kuratoren mit ihren Exponaten nicht von oben herab belehrend vor ihr Publikum steigen, sondern dass sie mit ihm in einen Kommunikationsprozess treten. Sie müssen ihre Objekte textlich oder audio-visuell erklären und sich dabei immer bewusst machen, wie viel die Besucher schon wissen, was sie erfahren wollen und wie sie sich für die Botschaften der Ausstellung einnehmen lassen. Diese Fragen sind Gegenstand der Gestaltung und Vermittlung.

GRUNDLEGENDE/WEITERFÜHRENDE LITERATUR

Daston, Lorraine u. Katharine Park: Wunder und die Ordnung der Natur 1150–1750, Frankfurt am Main 2002

Graf, Bernhard u. Astrid B. Müller (Hg.): Sichtweisen. Zur veränderten Wahrnehmung von Objekten in Museen (= Berliner Schriften zur Museumsforschung 19), Wiesbaden 2005

Hilbert, Günter S.: Sammlungsgut in Sicherheit. Beleuchtung und Lichtschutz, Klimatisierung, Schadstoffprävention, Schädlingsbekämpfung, Sicherungstechnik, Brandschutz, Gefahrenmanagement, 3. Aufl., Berlin 2002

Huber, Joachim u. Karin von Lerber: Handhabung und Lagerung von mobilem Kulturgut. Ein Handbuch für Museen, kirchliche Institutionen, Sammler und Archive, Bielefeld 2003

John, Hartmut u. Susanne Kopp-Sievers (Hg.): Sicherheit für Kulturgut. Innovative Entwicklungen und Verfahren, neue Konzepte und Strategien, Bielefeld 2001

Macho, Thomas: Sammeln in chronologischer Perspektive, in: Theater der Natur und Kunst. Wunderkammern des Wissens, Bd. 2: Essays, hg. von Horst Bredekamp u. a., Berlin 2000, S. 63–74

Nachhaltiges Sammeln. Ein Leitfaden zum Sammeln und Abgeben von Museumsgut, hg. v. Deutschen Museumsbund, Berlin/Leipzig 2011

Pomian, Krzysztof: Der Ursprung des Museums. Vom Sammeln (Wagenbachs Taschenbuch 302), Berlin 1998

Vom Umgang mit Museumsobjekten. Handhabung – Transport – Lagerung. Handreichung der ICOM-Schweiz 1988

der sein Mä-
zenatentum ermöglichte, basiert auf seiner Erfin-
dung des Seifenpulvers. 1848 wird Ernst Wilhelm
Sieglin als Ältestes von fünf Kindern in Stuttgart
geboren. Nach einer kaufmännischen Lehre geht er
nach London, wo er im Kontor der Ockendon Com-
pany Wollwarenexport arbeitet. In London studiert
er abends englische Literatur und die „Chemie der
Fette und Seifen". Zusammen mit dem schotti-
schen Chemiker Dr. Richard Thompson arbeitet er
an der Entwicklung von Seifenpulver. Bereits nach
einem Jahr glücken die Experimente. 1877 kehrt

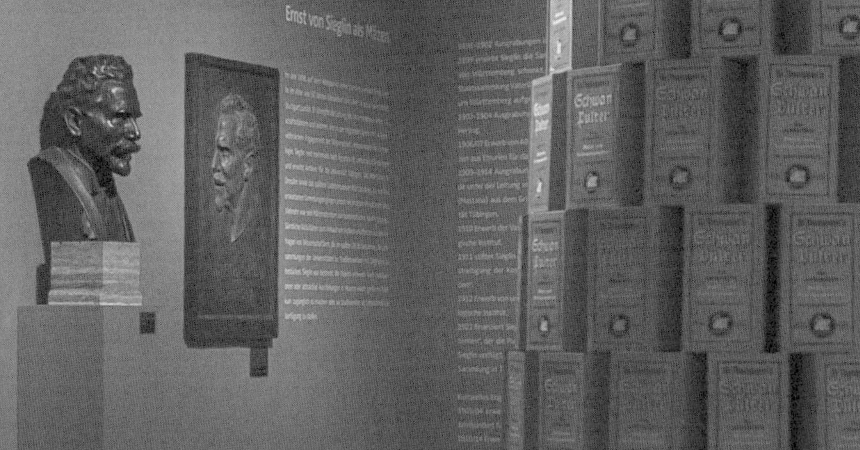

GESTALTUNG

4. GESTALTUNG

Die Gestaltung frisst in der Regel einen Großteil des Ausstellungsbudgets und erfordert gleichermaßen organisatorische, handwerkliche und künstlerisch-kreative Kompetenzen. Deshalb übernimmt die entsprechenden Aufgaben in vielen Fällen nicht das Projektteam selbst, sondern es zieht eine oder mehrere Agenturen und Handwerksbetriebe hinzu. Wenn es sich zu diesem kostenintensiven Schritt entscheidet, sollte es dennoch Zuständige für diesen Schwerpunkt benennen. Irgendjemand muss über die anfallenden Aufgaben Bescheid wissen, um sie im Dialog mit den betrauten Firmen zu einem guten Ergebnis zu führen. Doch man kann sich durchaus trauen, die Gestaltungsaufgaben selbst zu übernehmen. Zwar sind sie nicht ohne Geschick, genaues Planen und eine Kontrolle der Umsetzbarkeit aller Pläne hinsichtlich Zeit und Kosten zu bewältigen, aber sie gehören gleichzeitig zu den schönsten des Ausstellungenmachens.

Die Gestaltungsaufgaben unterteilen sich zum einen in das einheitliche Layouten der Druckmedien für die Öffentlichkeitsarbeit (Plakate, Folder, Einladungskarten) und des Katalogs, zum zweiten in die Ausstellungsgestaltung selbst. Diese Trennung ist aus organisatorischen Gründen nicht unwichtig. Denn die Druckmedien müssen teilweise sehr früh fertig sein, um die Ausstellung nicht nur zu bewerben, sondern auch um Sponsoren zu finden oder das Konzept bei den Auftraggebern zu präsentieren. Die Ausstellungsgestaltung sollte zwar ebenfalls früh geplant werden, die Umsetzung der Konzepte aber ist eher später im Zeitplan zu finden. Die entsprechenden Aufgaben sind die Ordnung und

Inszenierung der Objekte, die Umarbeitung des Ausstellungsraums, der Aufbau von Kulissen sowie die Installation von begleitenden Medien, Illustrationen, Grafiken und Schautafeln. Auch inhaltlich unterscheiden sich die beiden Gebiete des Gestaltens. Die Werbemedien sollen Menschen zum Besuch bewegen; die Gestaltung der Ausstellung sollte das primäre Ziel haben, den Besuchern die Inhalte verstehbar zu machen. Die Inszenierung und die damit erregte Aufmerksamkeit ist das primäre Ziel der Werbung; die Ausstellungsgestaltung sollte hingegen als Instrument fungieren, um Informationen nachvollziehbar zu machen, Interesse an Neuem zu wecken und die Rezeption angenehm zu machen.

TIPP

Erfahrungen in der Gestaltung sammeln Sie *by doing*, aber auch, indem Sie bestehende Ausstellungen samt deren Druckmedien genau analysieren, aus Fehlern lernen und sich an Vorbildern ein Beispiel nehmen. Wie sind anderswo die Räume beleuchtet, welche Inszenierungsmittel eingesetzt, wie die Exponate präsentiert?

Obwohl Gestalten stark handwerklich, technisch und organisatorisch geprägt ist, hat diese Tätigkeit auch einen inhaltlichen Kern, den wir etwas theoretischer herausarbeiten wollen: Die beiden grundlegenden Felder des Präsentierens sind Ästhetik und Rhetorik. Die Ästhetik als Praktik ist die „Kunst schön zu denken", und die Rhetorik ist vereinfacht gesprochen die „Kunst gut zu reden". Schöne Darstellung und strategische Kommunikation gehören in diesem Falle eng zusammen. Die Kunst schön zu denken leitet die Vorstellung, wie die Objekte und das Narrativ zu präsentieren sind. Weniger ist hier mehr, und Sicherheit geht vor Schönheit. Die Anordnung der Objekte zueinander sollte eine Geschichte erzählen, einen roten Faden durch die Ausstellung spannen und zum Genuss einladen. Es muss nicht immer eine stringent chronologische Abfolge von Objekten sein, eine assoziative Verkettung, die zur Reflexion einlädt, ist auch möglich. Freiraum für die Gedanken der Besucher sollte also allenthalben bestehen, ihre Fantasie angeregt werden, so dass sie selbst sich in der Ausstellung wiederfinden. Oftmals ist auch das Objekt an sich in seiner kulturellen Bedeutung und seiner schieren Materialität ausreichend. Seine Originalität, Einzigartigkeit und Unmedialität verleihen einem Exponat eine besondere, fast sakrale Wirkung. Diese „Aura" wird gestalterisch betont, indem das Exponat als etwas Besonderes präsentiert wird, ohne durch zu viel Inszenierung von ihm abzulenken. Viele Besucher suchen genau dieses Erlebnis und verlangen von einer Ausstellung nicht mehr, als von schönen und bedeutenden Dingen umgeben zu sein. Genauso mahnt die „Kunst gut zu reden" vor zu viel Gestaltung, vor zu viel Text, vor überfrachteten Räumen. Insbesondere ist zu vermeiden, dass Inszenierung um ihrer selbst willen geschieht, die dann nur von den Objekten und damit dem Inhalt ablenkt.

Eine gelungene Gestaltung macht die Ausstellung zum Erlebnis. Weil die Besucher von immer bunteren, schrilleren Inszenierungen umgeben und daran gewöhnt sind, muss sich eine Ausstellung in einer solchen ästhetischen Umgebung behaupten – wie gesagt, ohne dies auf Kosten, sondern zum Nutzen des Inhalts zu tun. Gute Gestaltung lässt also, so sehr es geht, das Objekt sprechen und bleibt auf ein Nützliches reduziert. Versuchen wir nun, die Gestaltungsarbeit der Reihe nach aufzuschlüsseln. Zunächst muss sich das Team über die Einheitlichkeit aller Gestaltungsmittel Gedanken machen, dann steigen die Gestalter tiefer in die Herstellung von Druckmedien und schließlich in den Aufbau der Ausstellung ein.

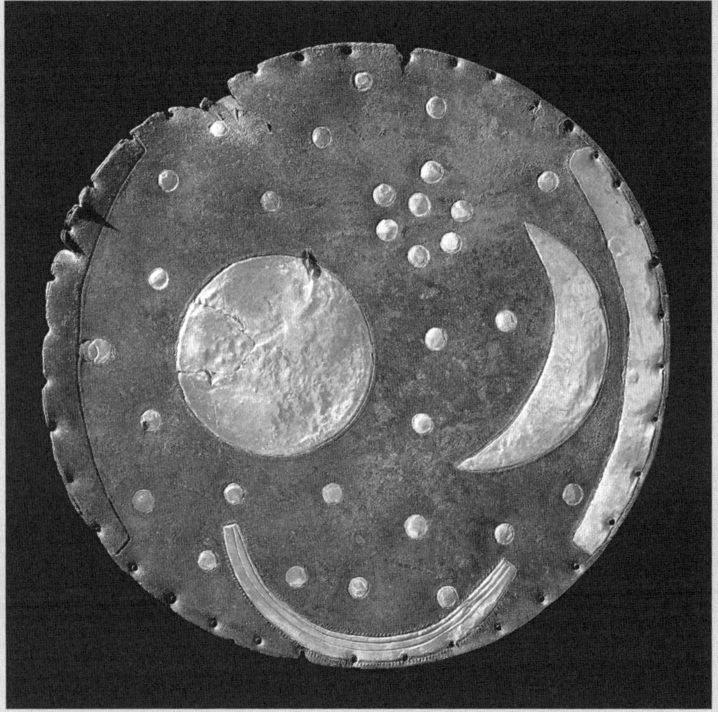

Abb. 12: Auratisches Objekt: die Himmelsscheibe von Nebra

Die etwa 4 000 Jahre alte Himmelsscheibe von Nebra ist die älteste uns bekannte konkrete Darstellung des Firmaments (Abb. 12) und zeugt davon, dass schon in frühen Hochkulturen der Wunsch verbreitet war, Phänomene und Prozesse am Himmel zu erklären und damit Orientierung auf Erden zu schaffen. Seine Aura verleiht dem Objekt sein Alter und die Erkenntnis beim Betrachten, zu welch hohen Kulturleistungen scheinbar primitive Gesellschaften der Bronzezeit bereits fähig waren. Die Scheibe wird ihrer Bedeutung gemäß in der Dauerausstellung des Landesmuseums für Vorgeschichte Halle solitär präsentiert. Der Raum ist extrem dunkel gehalten und die fokussierte Beleuchtung zentriert sich auf das Objekt. Zusätzlich dreht sich ein künstlicher Sternenhimmel an der Decke.

I. CORPORATE DESIGN

Der Begriff „Corporate Design“ drückt den Anspruch aus, dass alle grafischen Elemente des Ausstellungsprojekts – in diesem Fall die „Corporation“ – als zusammengehörig erscheinen. Wenn sich Schriften, Farben und syntaktische Anordnungen der Einzelelemente wiederholen, wird ein hoher Wiedererkennungswert beim potentiellen Publikum und in den Massenmedien erzielt. Zudem spart eine einheitliche Gestaltung Kosten. Das Team muss also rechtzeitig über Farbe, Typografie, Bildauswahl und Werbemaßnahmen sprechen, um der Grafikarbeit eine klare Struktur zu geben. Die Gestalter erstellen ein kleines Corporate-Design-Blatt und orientieren sich gegebenenfalls dabei an beteiligten Institutionen, die bereits Gestaltungsvorschriften haben.

EINBLICK IN DIE PRAXIS

Die Gestaltung einer Wortmarke macht nachvollziehbar, wie das Grafik-Design die Werbebotschaften unterstützen kann:

Schritt 1: Text einbinden
Schritt 2: Größenverhältnis bestimmen
Schritt 3: Schrifttypo und Syntax
Schritt 4: Justierung und kreative Idee
Schritt 5: Farben wählen, Nachjustieren

Die Ausstellung „Das andere Ägypten“ hat eine Wortmarke erhalten, die „Ägypten“ deutlich hervorhebt, das Wort „andere“ aber grafisch verstärkt. Einerseits werden somit Freunde der Ägyptologie und des Landes angesprochen, andererseits wird dadurch ein ungewöhnlicher Blickwinkel auf das Thema versprochen und Neugier bei weiteren Zielgruppen geweckt.

Das andere Ägypten. Die Expedition Ernst von Sieglin nach Alexandria

1

Das andere Ägypten.

Die Expedition Ernst von Sieglin nach Alexandria

2

DAS ANDERE ÄGYPTEN.

DIE EXPEDITION ERNST VON SIEGLIN NACH ALEXANDRIA

3

4

5

Da diese Schritte nur einmal erfolgen, ist die Schaffung des Corporate Designs die Basis einer langfristigen, kohärenten und ökonomischen Öffentlichkeitsarbeit und Ausstellungsgestaltung. Zu den wichtigsten Bereichen, die einheitlich erscheinen sollen, gehören die Bild- und die Schriftmarke, die Typografie, das Layout, die Farben und das Motiv der Ausstellung, das sich auf allen Druckmedien wiederfindet. Deshalb ist ein Kommunikationskonzept zu entwickeln, das anschließend durch spezifische Kommunikationsinstrumente umgesetzt werden kann. Plakate, Flyer, Folder und Internetauftritte sind wirkmächtige Werbemittel, die die Leitidee vermitteln sollten. Schon ein einziges Bild und ein Text können eine ganze Ausstellung plus Begleitprogramm plus das Image des Hauses repräsentieren. Eine Wort- und Bildmarke, eventuell ein Logo, ein Claim und ein kurzer Text der Ausstellung können, einmal produziert, immer wieder auftauchen und für Wiedererkennbarkeit sorgen.

II. DRUCKMEDIEN

Druckmedien, die dem Corporate Design des Projekts folgen, sind Werkzeuge für die Öffentlichkeitsarbeit. Materiell handelt es sich um den Untergrund eines Druckwerkes, in der Regel Papier. Aber auch andere Materialien wie Hartschaumplatten oder Stoffbanner können bedruckt werden. Ebenso stehen ganz unterschiedliche Typen von Druckmedien zur Auswahl:

→ Flyer
→ Prospekte
→ Broschüren
→ Katalog

→ Ausstellungstexte
→ Einladungen
→ Plakate
→ Werbeanzeigen
→ Großwerbeflächen
→ Geschäftsdrucksachen
→ Aufkleber
→ Postkarten
→ Stempel
→ Verpackungen
→ Merchandising-Artikel

Technisch werden Druckmedien heutzutage mit Programmen wie Adobe InDesign© hergestellt. Wenn niemand im Team ist, der mit solchen professionellen Programmen umzugehen weiß, ist das Outsourcen der Mediengestaltung ratsam. Es muss ja nicht gleich ein hoch renommiertes Grafikbüro sein. Viele Studierende der Designhochschulen würden sich über einen Auftrag freuen. Auch junge Gestalter aus der Region sind eventuell geeignet, um ein überzeugendes und gefälliges Design zu entwerfen. Die Projektleitung und die zuständigen Bearbeiter müssen Vorgespräche mit mehreren Gestaltern führen, sich ihr Portfolio zeigen lassen und sich nach einer Einigung auf die strategische, inhaltliche und finanzielle Planung der Aufgaben sowie auf die Überwachung der Herstellung konzentrieren.

Ein günstiges Basispaket an Druckmedien kann folgendermaßen aussehen:

→ vierseitige DIN lang-Einladungskarte, vierfarbig, 250gr-Papier, 1000 Stück (Preis bei einer Internet-Druckerei etwa € 150.-)

→ zweiseitiger DIN lang-Flyer, vierfarbig, 150gr-Papier, 20.000 Stück (€ 300.-)

→ einseitiges DIN A2-Plakat, vierfarbig, 115gr-Affichenpapier, 200 Stück (€ 100.-)

→ großformatiges Banner, vierfarbig, Netmash, 1 Stück für den Eingangsbereich und weitere für Werbeflächen in der Region (je Banner € 100.-)

→ Publikation, 21 x 21 cm, 160 Seiten, vierfarbig, innen 80gr Papier, Umschlag 250gr-Papier, 500 Stück (€ 3000.-)

Die wichtigsten Phasen der Druckmediengestaltung sind Ideenfindung, Grafik-Design, Texterstellung, Bildersuche, Gesamtredaktion, Produktion und Druck. Während der Ideenfindung ist das Team frei darin, was auf dem einzelnen Druckmedium zu sehen und zu lesen ist, doch die wichtigsten Daten sollten deutlich aufscheinen: Die eigene Wort-/Bildmarke, Titel, Zeitraum, Ort, Webseite, Logos der Kooperationspartner/Sponsoren. Für Broschüre, Flyer und Pressemitteilung sollten die Zuständigen für Öffentlichkeitsarbeit Informationstexte über das Projekt bereitstellen. Sobald diese vorliegen, geht es an die Gestaltung. Die Gestaltung schließt grafisch an die Strategien der Öffentlichkeitsarbeit an, verwandelt diese sozusagen in eine bildliche Vorstellung davon, was man vermitteln will und wie diese Inhalte Aufmerksamkeit erregen. Nach den Druckmedien sind noch zwei wichtige Elemente des Projekts zu gestalten, der Katalog und die Begleittexte der Ausstellung. Wenn sich das Team für die Veröffentlichung eines Begleitbands entschieden hat, dann steht es nun vor der gestalterisch komplexesten Tätigkeit. Um ein Buch mit zahlreichen Abbildungen zu layouten, bedarf es einiger technischer Kompetenz und typographischen Wissens. Sollte also niemand im Team sein, der auf diesem Gebiet schon Erfahrung hat, muss die Aufgabe außer Haus gehen.

Generell gilt für die Gestaltung der Druckmedien, dass die Produzenten wissen müssen, was die Adressaten gerne anschauen, hören, lesen oder nutzen und welche Informationen sie überhaupt transportieren sollen. Die Gestalter sind auf Mithilfe der anderen Teammitglieder angewiesen, damit sie die passenden Druckmedien erstellen oder erstellen lassen. Und immer soll das Ziel vor Augen sein: Die Gestaltung hat den Bekanntheitsgrad der Ausstellung auszubauen und den Inhalt des Projekts durch anregende Text- und Bildkompositionen zu pointieren.

III. AUSSTELLUNGSGESTALTUNG

Die Besucher müssen emotional und rational erreicht werden, nicht nur unterbewusst beeindruckt, sondern auch durch die Ausstellung geführt werden. Deshalb ist es schon in der Frühphase des Projekts nötig, den gesamten Weg der Ausstellungsbesucher durchzudenken. Bereits beim Betreten des Raums sollte ihnen klar werden, wie groß die Ausstellung ist, was sie in welcher Reihenfolge erwartet und wohin sie gehen können. Dafür sind Orientierungshilfen zu schaffen, eine Besucherleitung ist zu entwerfen. Gut platzierte Hinweisschilder, die am Corporate

Design leicht zu erkennen sind, können den Besuchern mehr oder weniger explizit verdeutlichen, was sie wo erwartet, wie sie sich in der Ausstellung bewegen können oder sollen.

Um darüber hinaus das Thema sinnlich erfahrbar zu machen, muss die Gestaltung die Besucher auch emotional berühren. Dabei sind gewisse dramaturgische Überlegungen geboten. Der Aufbau der Ausstellung kann die Besucher gleich beim Betreten des Raums mit einem besonders spektakulären Exponat fesseln, sie dann intellektuell stärker fordern, bis sie ermüden, sie mit einer Mitmach-Ecke wieder wecken, um sie schließlich mit einem bewusst gesetzten Höhepunkt, in dem das Narrativ nochmal zusammengefasst ist und der ihnen im Gedächtnis bleibt, aus der Ausstellung zu entlassen. Auch Stimmungen können geschaffen werden, etwa unter gezieltem Einsatz der Beleuchtung oder der besonders wertigen Präsentation besonderer Exponate.
Bereits in der Konzeptionsphase muss klar sein, welche Elemente konkret zu gestalten sind: Räume, Abteilungen und Inszenierung der Exponate.

1. RÄUME

Ein „White Cube" ist der Idee nach ein vollkommen neutraler, schmuckloser, weiß gestrichener Raum, der für sich keinerlei Botschaft erzeugt. Ob dieses Ideal anzustreben ist, sei dahingestellt, zur Verfügung steht er sicherlich jedoch in den wenigsten Fällen. In der Regel generieren die Ausstellungsräume selbst Aussagen. Dieselbe Ausstellung wird unterschiedlich wahrgenommen je nachdem, ob sie in einer abgedunkelten Gründerzeitvilla oder in einem Metall- und Glasbau mit großen Fenstern gezeigt wird, die das Leben der Stadt hereinlassen. Entsprechend müssen die Gestalter bereits bei der Konzeption die Stärken und Schwächen des Raums und seine Gesamtwirkungen beachten, sie müssen die ästhetischen und rhetorischen Spezifika analysieren. Erst wenn sie sich darüber im Klaren sind, werden sie die Botschaften der Ausstellung in eine konkrete Umgebung übersetzen können. Die Narration der Ausstellung kann dann die Wirkung des Raums bewusst nutzen, konterkarieren oder persiflieren. Wichtig ist nur, dass der Raum das Ausstellungskonzept repräsentiert. Deshalb planen die Gestalter die Ordnung der Exponate von Anfang an in einem räumlichen Zusammenhang, positionieren ihre Ensembles im Raum und sind sich über mögliche assoziative Verknüpfung der einzelnen Objekte im Klaren. Was denken die Besucher, wenn sie durch die Ausstellung gehen? Was sollte zuerst zu sehen sein und welche Bewegungen im Raum können in die Inszenierungen eingebunden werden?

Auch praktische Bedingungen wie Brandschutz, Denkmalschutz und Hausregeln gilt es zu berücksichtigen. Die Gestalter müssen sich deshalb frühzeitig erkundigen, welche Wände unter Denkmalschutz stehen und wie sie in den Räumlichkeiten mit Strom umgehen können. Erlaubt die Beschaffenheit der Wände Bohrungen, die der Fußbodenbeschaffenheit Klebungen? Bleiben Fenster und Türen zugänglich? Wo ist die Sicherheitstechnik installiert, und wie ist sie zu bedienen? Wie verlaufen die Fluchtwege? Auch von solchen Überlegungen hängen die Ausgestaltung der Räume und die Verteilung der Exponate ab.

2. ABTEILUNGEN

Die Besucherleitung ist nicht nur anhand vorgezeichneter Wege durch die Ausstellung möglich, sondern auch inhaltlich, wenn die Gestaltung die Strukturierung des Themas wiedergibt und dadurch Abteilungen gebildet werden. Sie können, müssen aber nicht explizit gekennzeichnet, mit einer Überschrift und einem Einleitungstext versehen sein. Sie entstehen auch, indem einzelne Objekte eng aneinander gestellt oder zwischen den Abteilungen Trennwände platziert sind. Zusätzlich können große Abteilungsüberschriften, verschiedene Farben, unterschiedliche Beleuchtungsstärken, Markierungslinien und Piktogramme, Bilder oder andere Medien die Struktur verdeutlichen. Auch das Material der Wände kann divergieren, beispielsweise Holzvertäfelungen, Metallplatten und Stoffbahnen eingesetzt oder Stellwände unterschiedlich farbig angestrichen werden. Der Kreativität sind nur insofern Grenzen gesetzt, als sie einen sinnvollen Inhalt schaffen muss. Sollten die Besucher einen roten Faden und Bezüge zwischen verschiedenen Ausstellungsstücken entdecken, haben die Gestalter bereits Wichtiges geleistet.

3. ANORDNEN UND INSZENIEREN DER EXPONATE

Gestalter komponieren einzelne Objekte zu einem zusammenhängenden Bild, das dann in seinen Einzelteilen, aber auch als Ganzes das Narrativ bildet.[1] Exponate, die nebeneinander stehen, werden als zusammengehörig betrachtet. Exponate, die auf dem Weg der Besu-

1 Dazu Michael Fehr: Erzählstrukturen in der Bildenden Kunst. Modelle für museale Erzählformen, in: Tobias G. Natter u.a. (Hg.): Die Praxis der Ausstellung. Über museale Konzepte auf Zeit und Dauer, Bielefeld 2012, S. 121–146.

cher hintereinander angeordnet sind, werden als szenisch aufeinander folgend wahrgenommen. Auch die Ausrichtung der Exponate in eine bestimmte Richtung kann von den Rezipienten interpretiert werden. Wenn Gestalter also durch die Anordnung der Exponate Bilder und Szenen erzeugen, generieren sie Sinn, der einen Mehrwert gegenüber den einzelnen Objekten hat.

Außerdem müssen sich die Gestalter über die Qualitäten der Objekte klar werden, die Stärken herausstellen: Was ist an einem Objekt schön oder bedeutend? Und die Schwächen, etwa bei inhaltstragenden, aber wenig ästhetischen Objekten, ausgleichen. Sie müssen „Key Visuals" bilden, also die zentralen Objekte auch zentral präsentieren, weil diese ansonsten nur allzu leicht in ihrer Bedeutung gar nicht wahrgenommen werden.

Hier wird besonders deutlich, dass die Ausstellung eine Konstruktion der Kuratoren und Szenographen und nicht eine Rekonstruktion von eigentlich Gewesenem ist. Wenn man so will, machen und gestalten sie Kultur. Dieser Tatsache sollte sich das ganze Team bewusst sein und entsprechend vorsichtig sein beim Versuch, eine scheinbar authentische Vergangenheit wiederaufleben zu lassen. Zum Stilmittel wird dies gelegentlich in kulturhistorischen Ausstellungen, wenn etwa mit Puppen lebensnahe Szenen nachgestellt werden oder aufwendige Kulissen ein originalgetreues Flair versprühen sollen.

Die Gestalter wissen nun, wie die Räume szenografisch ausgestaltet werden sollen, welche Exponate in welcher Abteilung präsentiert werden, kennen die inhaltliche Begründung dafür und das Strukturierungsprinzip der Objekte.

EINBLICK IN DIE PRAXIS

Abb. 13: Der Krönungsmantel Friedrichs II.

Die Ausstellung der Länder Baden-Württemberg, Rheinland-Pfalz und Hessen „Die Staufer und Italien“ (Reiss-Engelhorn-Museen Mannheim, 19.9.2010 bis 20.2.2011) stellte das mittelalterliche Herrschergeschlecht gleichermaßen in ihrem sakralen Herrschaftsanspruch wie in ihrer beinahe modern anmutenden Herrschaftspraxis dar, durch die sich frühe Metropolregionen herausbildeten, vernetzten und zu Triebkräften der gesellschaftlichen Innovation wurden. Ein bedeutendes Objekt, das die kaiserliche Inszenierung bis heute eindrücklich repräsentiert, ist der Krönungsmantel Friedrichs II. aus dem frühen 13. Jahrhundert (Abb. 13). Dieses Starexponat konnte aufgrund seiner Ausmaße nicht zentral, sondern nur in einem Seitenraum gezeigt werden. Weil bei 230 000 Besuchern Gedränge unvermeidbar war, zwangen Sicherheitsüberlegungen zu diesem Schritt. Allerdings fanden durch seine Platzierung sicher nicht alle Besucher den Weg zu ihm oder empfanden ihn auch inhaltlich als Randerscheinung, widmeten ihm also nicht die Aufmerksamkeit, die das eigentliche „Key Visual“ verdient gehabt hätte.

EINBLICK IN DIE PRAXIS

Abb. 14: Erster Raum der Dauerausstellung im Haus der Geschichte, Bonn

Das Haus der Geschichte der Bundesrepublik Deutschland hat den Claim „Geschichte erleben" zu seiner Marke gemacht. Entsprechend sind die Ausstellungen darauf ausgerichtet, dass die Besucher sich in historische Situationen einfühlen können. Gestalterisch wird dieser Anspruch durch aufwendige Kulissen umgesetzt. Im Eingangsraum der Dauerausstellung etwa, der dem chaotischen Leben der unmittelbaren Nachkriegszeit gewidmet ist, umrahmen Mauerreste alle Exponate (Abb. 14). Die Zerstörung der deutschen Städte in der Nachkriegszeit wird nacherlebbar, allerdings erschließt sich dem Besucher bei aller Inszenierung nicht mehr, was Exponat ist und was Kulisse. Ob die Steine vielleicht originale Relikte eines Bombenangriffs sind oder nicht, vermag man nicht zu sagen. Und wenn dies unsicher ist, was geschieht dann mit der Aura des wirklich Authentischen?

Die Gestalter sind sich im Klaren, dass die einzelnen Objekte auf bestimmte Weise und in einem bestimmten Verhältnis zu den anderen inszeniert werden müssen. Um die ästhetischen und rhetorischen Konzeptionen zusammenzuführen, erstellen sie eine Handskizze auf dem Grundriss des Raums, ein computerbasiertes oder physisches 3D-Modell, so dass das Ergebnis der Planungen bildlich vor Augen erscheint. Dabei ist zu beachten, dass die Objekte klar und anschaulich präsentiert werden, ihren Maßen, ihrem Gewicht und ihren Proportionen entsprochen wird. Auch die Größe der Besucher und ihr Platzbedarf ist ein Faktor.

Bei dieser Tätigkeit gilt es stets mitzudenken, wie die entworfenen Bilder und Szenen betrachtet und verstanden werden. Ein Gefühl für die Rezeption kann aber nur entstehen, wenn man sich nicht nur auf Modelle verlässt, sondern sich die Anordnungen entweder vorab in einem Proberaum oder direkt während des Aufbaus genau ansieht und die neu entstehenden Bedeutungen analysiert. Eine Korrektur des Plans ist dann bis zur Vernissage möglich.

Um die einzelnen Ausstellungselemente zu gestalten, stehen mehrere Möglichkeiten zur Verfügung, besonders:

→ Objekt- und Abteilungsschilder
→ Stell- und Trennwände (Kulisse)
→ Beleuchtung
→ Vitrinen und Sockel

TIPP

Abb. 15: Screenshot eines 3D-Ausstellungsraumes mit Google SketchUp

Eine kostenlose Software, die es leicht ermöglicht dreidimensionale Räume zu konstruieren, ist Google SketchUp. Damit können Sie dreidimensionale Skizzen erstellen und schnell wieder verändern oder löschen. Das Programm ist für Einsteiger und Laien geeignet und ersetzt aufwendige, teure und schwer bedienbare CAD-Programme. Erstellen Sie Räume, Vitrinen, Exponate, und greifen Sie auf eine Datenbank mit Tausenden von Modellen zu, um den Ausstellungsraum anzulegen. Es stehen vielzählige Materialien, Farben und Formen zur Verfügung. Sie können auch eigene Bilder importieren und in das Modell integrieren. Der fertige Entwurf kann als JPG exportiert oder bei Google Maps und Google Earth veröffentlicht werden. In nur wenigen Stunden haben Sie sich einen optimalen Über- und Einblick verschafft.

4. BESCHILDERUNG

Man kennt es aus fast allen Ausstellungen: Ein kleines Objektschild erklärt das ausgestellte Ding. Die Beschriftung ist die knappste und einfachste Form, das Exponat zu erläutern, weist aber gerade wegen ihrer Kürze einige ästhetische und rhetorische Tücken auf. Sie inhaltlich zu erstellen, also die Texte zu schreiben und zu redigieren ist Aufgabe der Kuratoren und Museumspädagogen/Vermittler. Die Gestalter setzen sie und geben sie in den Druck. Träger kann Papier, Karton, Klebefolie, Plexiglas, Metall oder die Vitrine selbst sein – je nach Budget und Verwendungsdauer. Ein einfacher Computerausdruck bietet sich bei einer Dauerausstellung allein deshalb nicht an, weil das Papier schnell vergilbt. Damit man sich nicht an der Ausstellungseröffnung fragen muss, ob ein Text auch auf Kniehöhe wirklich lesbar ist, ist eine gewissenhafte Typografie anzuraten. Die Maße der Texte kann man schrittweise finden, indem man sie in unterschiedlichen Schriftgrößen und Zeilenabständen ausgedruckt vor sich auf den unbeleuchteten Boden legt. Dann ist ein Objektschild von 15 x 8 cm mit einer Schriftgröße von 20 pt, eineinhalbzeiligem Abstand und nicht mehr als 55 Anschlägen pro Zeile noch gut lesbar. Platz bietet diese Konstellation für 500 Zeichen, und mehr ist auch nicht nötig, weil ausufernde Texte niemand lesen will. Ein Abteilungsschild sollte größer sein und sich dadurch deutlich vom Objektschild absetzen, aber auch nicht mehr als 1000 Zeichen lang sein. Beim Setzen der Texte muss das Corporate Design mit einfließen, und die Befestigung im Ausstellungsraum muss mit Sorgfalt erfolgen: Wo ist das Schild gut zu erkennen, ohne dass es vom Blick auf das Exponat ablenkt, diesem gar im Weg steht?

EINBLICK IN DIE PRAXIS

Abb. 16: Ausstellung „Die letzten Telegramme der Titanic"

Das Museum für Kommunikation Frankfurt präsentierte in seiner Ausstellung „Die letzten Telegramme der Titanic" (1.3. bis 22.4.2012) eher unscheinbare Exponate, die aber großen historischen Wert besitzen. Sie zeigen, dass die Schiffskatastrophe 1912 bereits in Echtzeit zum Medienereignis wurde, und liefern damit eine Erklärung für die zeitgenössische und bis heute anhaltende Begeisterung, ja Mythisierung des Ereignisses. Das Narrativ musste allerdings durch viele ergänzende Medieninstallationen und begleitende Texte vermittelt werden. Um den Blick der Besucher dennoch auf die originalen Telegramme zu lenken, wurden diese hinter rot umrandeten, runden Glasscheiben an einer schwarzen Wand gezeigt (Abb. 16). Der Eindruck von Bullaugen in einem Schiffsrumpf unterstrich den Inhalt der Ausstellung spielerisch-augenzwinkernd, so dass die Gestaltung neben ihrer rhetorischen Funktion auch eine ästhetische erfüllte.

5. STELL- UND TRENNWÄNDE

Zusätzliche Wände in den Ausstellungsraum einzubauen, kann helfen, mehr Präsentationsfläche zu gewinnen, etwa um Bilder hängen zu können. Es ist aber auch ein Mittel, um den Raum zu strukturieren und die Umgebung der Exponate dem Inhalt anzupassen. Eine passende Farbe etwa kann Assoziationen mit dem Inhalt hervorrufen. Auch großformatige Detailabbildungen an der Wand oder typografische Elemente ermöglichen den Besuchern schnell und leicht den Zugang zum Objekt. Mit großen Lettern können Keyword-Wolken einen begrifflichen Rahmen des Themas oder der Objekte abstecken. Dann schafft der Raum Inhalt, denn rein begleitende Elemente sollten immer intentional zum Einsatz kommen und nicht willkürlich als bloßes Beiwerk. Wenn ein Stoff ein Objekt verhängt, dann nur mit der Absicht, dass das Objekt von der Sonne geschützt wird oder man die aktive Rezeption der Besucher fördern möchte. Auch das Weglassen von Bauten, das „nackte" Ausstellen eines Objekts ist ein szenografisches Mittel, das bewusst und mit einer klaren gestalterischen Absicht gewählt werden sollte.

Der Versuch, eine stimmungsvolle Kulisse zu schaffen, ist ein schmaler Grat und sehr sensibel anzugehen. Denn die Authentizitätsfalle, also der Versuch, über eine scheinbar authentische Szenographie den Besuchern eine „reale" Situation emotional einfühlbar zu machen, ist der wohl schwerste Fehler der Gestaltung. Es handelt sich hier um einen komplett künstlichen Ort, den Ausstellungsraum, und die Kuratoren und Szenografen entwerfen eine komplett künstliche Welt, die Ausstellung. Davon ablenken zu wollen, ist weniger der Anspruch auf Authentizität als vielmehr gestalterischer Kitsch. Um nicht in diese Falle zu treten, sollten sich die Gestalter stets vornehmen, Objekte und Kulisse nicht zu vermischen! Bilder und Szenen entstehen in erster Linie durch die Anordnung von Objekten und deren Aussagen. Bauten dürfen diese Intention unterstützen, die Objekten aber nicht in den Hintergrund drängen.

6. BELEUCHTUNG

Die Aura, die die Objekte ausstrahlen, ist auch ein Produkt geschickter Beleuchtung. Sie kann Objekte so punktiert hervorheben, wie sie es verdient haben. Damit ist Licht eines der wichtigsten Gestaltungsmittel. Und der letzte Schritt vor Eröffnung ist die exakte Ausleuchtung der Exponate. Denn wie viel Wirkung wird verschenkt, wenn Teile der Ausstellung im Dunkeln sind, und wie ärgerlich ist es für die Besucher, wenn sie die Exponate nicht gut sehen oder die Texte nicht gut lesen können, weil nicht diese beleuchtet sind, sondern ihr Hinterkopf, der sich zwischen Strahler und Objekt befindet und darauf einen Schatten wirft.

Zur adäquaten Darstellung der Objekte und in konservatorischer Hinsicht muss die Beleuchtung einige Anforderungen erfüllen. Zu achten ist auf die Breite an Farbwiedergabestufen, die als „Ra-Wert" auf der Packung der Leuchtmittel vermerkt ist. Der Wert sollte zwischen 90 und

TIPP

LED-Leuchten lassen sich teilweise ohne Qualitätsverlust dimmen. Achten Sie bei anderen Leuchtmittelarten auch auf den Abstand der Lichtquelle. Wenn Sie zu nah an das Objekt herangehen, kann es durch die Wärme beschädigt werden. Gehen Sie zu weit weg, erzielen Sie eventuell eine zu breite Streuung des Lichts.

Abb. 17: Die alte Präsentation der Eiszeitfiguren, Tübingen

Die Eiszeitfiguren im Museum der Universität Tübingen sind bis zu 40 000 Jahre alt und zählen damit zu den ältesten Kunstwerken der Menschheit. Sie werden punktiert beleuchtet und in einem ansonsten dunklen Raum zentral präsentiert (Abb. 18). Vor der Teilrenovierung des Hauses standen sie in einem mit Neonlicht erfüllten Raum an einer Treppe nahe dem Feuerlöscher (Abb. 17). Die Frage nach der Bedeutung der Objekte für die Besucher erübrigt sich beinahe: Heute werden sie bewundert, während zuvor die meisten Besucher kaum glauben konnten, dass dies Originale und nicht nur Repliken sind. Der Wandel in der Wahrnehmung zeigt, wie wichtig die Beleuchtung für die Präsentation von Dingen ist.

Abb. 18: Die neue Präsentation der ältesten Kunstwerke der Menschheit, Tübingen

100 liegen. Diese Anforderung erfüllen viele Leuchtmittel nicht, etwa Glühlampen, deren Energiebilanz dazu noch sehr schlecht ist. Halogenlampen sind vom Energieverbrauch zwar in Ordnung, erzeugen aber Wärme, die den Exponaten schaden kann. Leuchtstofflampen funktionieren tadellos, doch für das gezielte Beleuchten taugen sie nicht besonders, daher eignet sich diese günstige Variante eher als Putzlicht. LED ist unter technischen und finanziellen Aspekten aktuell das Leuchtmittel der Wahl. Denn die Energiebilanz ist sehr gut und das Licht erreicht inzwischen einen angemessenen Ra-Wert. Die Anschaffungskosten für LEDs sind etwas höher, doch haben sich die Kosten meist nach zwölf Monaten amortisiert. Zusätzlich muss direkte Sonneneinstrahlung in die Ausstellung verhindert werden, da sonst die Objekte unter der UV-Strahlung leiden und ihre Farbe verlieren oder sogar völlig zerstört werden. Die Schäden kommen langsam, aber dafür irreversibel. Die Beleuchtung sollte, so gut es geht, reduziert werden. Mit Abklebefolien für Fenster lässt sich das Tageslicht nutzen, die ultraviolette Strahlung jedoch herausfiltern. Außerhalb der Öffnungszeiten werden die Objekte komplett verdunkelt. Ein Luxmeter misst, wie stark das Licht in unterschiedlichen Situationen ist. Mitarbeiter der Sammlung, aus denen das Exponat stammt, machen von diesem Lux-Wert ihre Einwilligung in eine Leihe abhängig. Am besten ist die Beleuchtungsstärke zu beeinflussen, wenn dimmbare Leuchten eingesetzt werden.

7. VITRINEN UND SOCKEL

Eine Ausstellung ist nicht immer auf Vitrinen angewiesen, Exponate können auch auf Sockeln oder kleinen Podesten platziert werden. Vitrinen vermitteln eine eigene Botschaft, machen das Objekt unnahbar und dadurch wertiger. Auf Vitrinen zu verzichten, ermöglicht eine ungezwungenere Kommunikation zwischen den Exponaten und den Besuchern. Einige Museen präsentieren ihre Exponate deshalb freistehend, müssen jedoch den erhöhten Kostenaufwand für Aufsichtskräfte kalkulieren. Eine Absperrung oder Bewegungsmelder sind in diesem Fall zwingend erforderlich.

Sicherheitsaspekte raten also zum Einsatz von Vitrinen. Entscheidet man sich dafür, gilt wie für die Beleuchtung ein gewisses Maß an Sorgfalt bei der Auswahl. Je nach Exponat eignen sich unterschiedliche Vitrinen. Ist für eine Puppe mit kostbarem Gewand eine Standvitrine die Wahl, eignet sich für ein historisches Telefon eine auf Sichthöhe an die Wand geschraubte, und für ein Buch wird man zu einer Haube oder einer Tischvitrine greifen.

Finanziell und für den personellen Aufwand beim Auf- und Abbau macht das Material einen großen Unterschied:

→ Acrylglas
→ Standard-Glas
→ Weißglas
→ Entspiegeltes Glas
→ Entspiegeltes Weißglas

Eine Standardvitrine kann ab 1000 Euro erworben werden. Nach oben gibt es keine Grenzen. Ein Museumsdirektor sprach einmal vom „Ferrari“ seines Hauses, als er eine Luxusvitrine im sechsstelligen Eurobereich vorführte. Doch solche Vitrinen sind nur als absolut hochwertige Dauerlösung eine Option. Der Regelfall bei kleinen Ausstellungen, die dazu nur temporär zu sehen sind, wird vielmehr sein, dass man aus Kostengründen auf Sockel und Vitrinen zurückgreifen muss, die in den

Lagerräumen des Museums vorhanden sind. Dieses Recycling ist im Sinne eines ressourcenschonenden Handelns zu begrüßen und auch ästhetisch solange kein Problem, wie alle Materialien einheitlich sind und nicht zusammengewürfelt aussehen. Die kreative Arbeit muss sich dann eben der vorgegebenen Infrastruktur anpassen.

Sollten tatsächlich neue Vitrinen nötig sein, bieten sich jene aus Acrylglas an. Sie lassen sich leicht mit zwei Personen auf- und abbauen. Doch Vorsicht beim Transport: Acrylglas ist sehr kratzempfindlich. Entsprechende Vitrinen kosten so wenig wie keine andere Lösung, und obwohl das Material etwas stärker spiegelt, machen sie wirklich etwas her, wenn sie mit LED-Innenleuchten versehen sind. Dann nämlich liegt eine elegante Beleuchtungssituation vor, die Exponate sind gut angestrahlt, nirgends bildet sich ein störender Schatten und die Strahler selbst sind für Besucher nicht zu sehen. Um die Effekte direkt zu sehen, geht einmal mehr kein Weg an einem Aufbau zur Probe vorbei. Die Bestückung und Ausleuchtung einer Mustervitrine ermöglicht den

TIPP

Um Typen und Menge der benötigten Vitrinen zu bestimmen, kann ein Vitrinenbauer aus der Region helfen. Wenn Ihr Projekt nicht über genügend Budget für große individuelle Ausstellungsmaterialien verfügt, dann werden Sie kooperativ und fragen bei regionalen Theatern, Museen und anderen kulturellen Einrichtungen nach, ob sie Stellwände oder Vitrinen für den Ausstellungszeitraum verleihen können. Dort lagert vieles, das lange Zeit oder überhaupt nicht mehr benötigt wird. Gebrauchte Vitrinen sind günstig zu erstehen über die Vitrinenbörse des Deutschen Museumsbundes: http://www.museumsbund.de/de/aktuelles/vitrinenboerse/

Gestaltern Urteile, die sie am Computer oder Zeichenbrett niemals fällen können. Einen entscheidenden praktischen Vorteil hat ein rechtzeitiger Aufbau zur Probe auch deshalb, weil nur dadurch deutlich wird, ob die Ideen sich auch mit der realen Materialität der Objekte, speziell mit ihren Maßen, umsetzen lassen. Passt das Objekt wirklich auf den dafür vorgesehenen Sockel, sieht es in der zur Verfügung stehenden Vitrine nicht eingequetscht aus? Genauso darf man den Aufwand nicht scheuen, vor der Eröffnung nochmals alle Vitrinen zu putzen. Denn Schlieren auf dem Glas sind ein echtes Ärgernis und lenken von der Betrachtung der Exponate ab.

8. SERVICEBEREICHE

Nach all der Sorgfalt rund um die Ausstellung dürfen drei Bereiche nicht zu kurz kommen, die nicht direkt die kulturelle Erfahrung befördern, die aber einen Service für die Besucher darstellen: Ruhezonen, Einkaufsmöglichkeiten und Cafeteria. Diese Bereiche sind nach Wichtigkeit geordnet. Deshalb sind auf jeden Fall Orte zum Sitzen, Anlehnen oder Liegen zu schaffen. Diese Ruhezonen können auch mit Information kombiniert werden, es muss jedoch den Besuchern überlassen bleiben, wie weit sie diese nutzen möchten. Am einfachsten lässt sich eine Couch oder eine Reihe Sitzsäcke aufstellen, die mit einem Leseexemplar der Ausstellungspublikation versehen sind. So erhalten die Besucher die Möglichkeit, mehr über das Thema zu erfahren, und in ihnen wächst das Interesse, den Katalog zu kaufen.

Der Verkauf von Merchandising-Artikeln in einem Shop erfordert etwas Vorarbeit, kann dann aber bis zu 40 % der Einnahmen ausmachen. So lohnt es sich darüber nachzudenken, die Publikation mit weiteren Büchern, Büro- oder Dekomaterial, Kalendern, Postern, Geschenkartikeln, Regenschirmen, CDs oder DVDs zu umrahmen. Die Besucher haben hier nicht nur die Möglichkeit zu konsumieren, sondern nehmen das Thema auch in einem übergeordneten und gesellschaftlich breiteren Umfeld wahr. Zu achten ist auch hier darauf, dass die Artikel einen angemessenen Stil haben und dem Inhalt und Niveau der Ausstellung entsprechen.

In einer Cafeteria können die Besucher ihren Durst und Hunger stillen. Es reicht bereits ein Kaffeevollautomat, eine kleine Auswahl an Kaltgetränken und ein Kuchen- oder Häppchenangebot. Denn die Möglichkeit sich zu stärken ist auch die Gelegenheit, um mit Partnern oder Freunden über das Erlebte zu sprechen. Und die Kommunikation unter den Besuchern ist ein zentrales Mittel, sich die Inhalte der Ausstellung nochmals zu vergegenwärtigen.

GRUNDLEGENDE/WEITERFÜHRENDE LITERATUR

Dernie, David: Ausstellungsgestaltung. Konzepte und Techniken, Ludwigsburg 2006

Bertron, Aurelia, Ulrich Schwarz u. Claudia Frey: Ausstellungen entwerfen. Kompendium für Architekten, Gestalter und Museologen, Basel 2006

Kindler, Gabriele: MuseumsTheater. Theatrale Inszenierungen in der Ausstellungspraxis, Bielefeld 2001

Scholze, Jana: Medium Ausstellung. Lektüren musealer Gestaltung in Oxford, Leipzig, Amsterdam und Berlin, Bielefeld 2004

Merz, HG: Lost in Decoration, in: Anke te Heesen u. Petra Lutz (Hg.): Dingwelten. Das Museum als Erkenntnisort (= Schriften des Deutschen Hygiene-Museums Dresden 4), Köln u.a. 2005, S. 37-43

Ordnungssysteme klassifizieren die Vielfalt der Dinge nach definierten Kriterien und schaffen so auch einen Erkenntniszugang zum Forschungsgegenstand. Die Art der Systeme - Hierarchie, Tabelle, Netzwerk - ist in der Geschichte der Wissenschaft jedoch gewissen Moden unterworfen, die auch ästhetisch motiviert sind. Nicht immer sind Ordnungs-Ideale daher dem Gegenstand angemessen. Eine hierarchische Baumstruktur zum Beispiel erlaubt keine Querverbindungen und ist deshalb nicht geeignet, um die historische Dynamik einer politischen Landkarte nachzuzeichnen. Dennoch wurde sie hierfür benutzt, wie die Tafel aus dem Jahr 1760 zeigt. Die Klarheit und Schönheit der hierarchischen Ordnung reduzierte hier die Komplexität der Wirklichkeit, schuf aber nur eine vermeintliche Einfachheit, die es in der Realität so nicht gab.

VERMITTLUNG

5. VERMITTLUNG

In einer von Wissen geprägten Welt können Bürger ihre demokratischen Rechte und Pflichten nur wahrnehmen, wenn sie an diesem Wissen teilhaben, wenn sie über neue wissenschaftliche, wirtschaftliche und kulturelle Entwicklungen und deren Gewordensein informiert sind und diese beurteilen können. Die Partizipation der Massen an Wissen verleiht dem Museum seine gesellschaftliche Bedeutung. Denn das Museum ist einer der bedeutendsten außerschulischen Bildungsorte, an dem Besucher informell lebenslang lernen. Die Informalität der Lernsituation liegt in der relativ geringen zeitlichen und räumlichen Strukturiertheit der Präsentation und bringt eine hohe Unverbindlichkeit mit sich, wodurch Besucher eher en passant lernen und sich nicht bevormundet fühlen. Andererseits ist die Lernsituation inhaltlich hochkomplex und die Rezeptionsfähigkeit der Besucher stark beschränkt. Denn sie kommen in der Regel unvorbereitet in eine Ausstellung, müssen also ohne großes Vorwissen und ohne lange Hinführung die Situation verstehen. Zudem ist das Publikum extrem heterogen, es besteht aus Menschen mit unterschiedlichem Vorwissen und unterschiedlichen Interessen sowie aus unterschiedlichen Rezeptionstypen – aber alle, ob Grundschulkinder oder Universitätsprofessoren, wollen bedient werden. Demnach genießen Ausstellungsmacher nicht nur die akademische Freiheit, das Thema so zu erarbeiten und zu präsentieren, wie es ihnen inhaltlich angemessen erscheint. Sie unterliegen auch der pädagogischen Pflicht zur Freiheit, weil sie nur mit diversifizierten Angeboten und Leitsystemen das heterogene Publikum erreichen können. Diese Situation und der Bildungsanspruch, der ja die meisten Museen vor ihren Trägern und in der Öffentlichkeit legitimiert, führen oft dazu, dass die Ausstellungsmacher ihre Besucher überfordern und ihnen eine nicht mehr rezipierbare Menge oder Anordnung von Objekten zumuten. Eine Ausstellung muss also immer auch unter pädagogischen Motiven strukturiert und gestaltet werden: Kuratoren und Museumspädagogen müssen von Anfang an rezeptionsorientiert denken. Sie müssen abwägen zwischen Vertrautem für die Besucher, wozu sie den schnellsten Zugang haben und in das Thema hineinfinden, und Neuem, das die Besucher lernen können. Das Ziel der Vermittlungsarbeit ist die Forderung des Publikums auf einem schmalen Grad, der weder überfordert noch unterfordert. Mit welcher Gliederung vermittelt die Ausstellung am besten die konzeptionellen Inhalte und Fragen? Wie stark belehrend oder offen/selbstassoziativ für die Besucher soll die Ausstellung sein?

Um diese Fragen zu beantworten, muss das Projektteam zunächst wissen, wer die zu erwartenden Besucher überhaupt sind. Ein implizites Besucherbild existiert in jeder Ausstellung, also eine ungefähre und eher hypothetische Vorstellung, warum die Besucher kommen, was sie interessiert, welche Wege sie gehen, welche Gedanken sie sich machen, welche Emotionen sie haben, welche Erkenntnisse sie gewinnen. Die Besucherforschung expliziert und systematisiert solche Vorstellung und liefert ein erstaunlich detailliertes Bild des typischen Museumsbesuchers: Durchschnittlich bleibt er eine bis zwei Stunden im Museum und verweilt 25–50 % davon in der Ausstellung. Er schaut sich nur einen geringen Teil der Exponate an und bleibt vor einem Exponat 30 bis 40 Sekunden stehen. Schon nach 20 bis 30 Minuten tritt eine Museumsmüdigkeit („museum fatigue“) ein. Selbst der typische Weg durch eine Ausstellung ist erforscht: Der durchschnittliche Besucher biegt lieber nach rechts als nach links ab; hat er einmal eine Richtung eingeschlagen, weicht er davon nicht mehr ab und geht ungern einen Weg zurück;

deshalb besichtigt er oft nur eine Seite des Ausstellungsraums; wenn ein Weg in irgendeiner Form vorgegeben ist, wird er diesem auch folgen.[1] Mit diesem Wissen versuchen die für Vermittlung Zuständigen, eine Ausstellung auf die Bedürfnisse und psychischen Fähigkeiten der Besucher hin zu konzipieren, sie während der Ausstellung durch pädagogische Veranstaltungen zu einem verbesserten Lernen zu reizen und ihre Lernerfolge, genauso wie die Vermittlungserfolge zu evaluieren.

I. WÄHREND DER KONZEPTION UND REALISIERUNG: GESTALTUNG NACH PSYCHOLOGISCHEN RICHTLINIEN

Es wäre vermessen zu glauben, man könnte eine Ausstellung für alle Menschen machen, jeden interessieren, jedem einen genuss- und gewinnreichen Besuch bereiten. Um dem Projekt ein klares Profil zu geben und den Besuchern ein konkretes Angebot zu liefern, muss sich das Team auf gewisse Zielgruppen beschränken und diese auch klar benennen. Besonders Schülergruppen, die Ausstellungen institutionell organisiert besuchen, Senioren und Touristen, die Zeit für das Bildungserlebnis haben, sind dankbare Zielgruppen und versprechen einen festen Besucherstamm. Gerade in Naturkunde- und Technikmuseen dominieren Schulklassen, und das Angebot scheint oft auf diese ausgerichtet zu sein. Vielfach werden dort sogar Ausstellungen mit genauer Kenntnis des Lehrplans für bestimmte Fächer und Jahrgangsstufen entworfen.

1 So Stephen Bitgood: An analysis of visitor circulation. Movement patterns and the general value principle, in: Curator 49 (2006), S.463–475.

In diesem Fall wissen die Kuratoren genau, was das Interesse und der Wissensstand der Zielgruppe ist, und können das museale Angebot aktiv auf die Situation abstimmen. Die Schüler können im Unterricht Gelerntes in einem neuen Umfang und sozusagen lebensnäher erfahren, dadurch kann ihre Neugier geweckt werden, und sie nehmen bisher Unbekanntes mit nach Hause.

Grundsätzlich lernen Museumsleute über die Jahre hinweg, welche Bevölkerungsschichten oder welche Alterskohorten in ihr Haus kommen, und zielen mit ihrem Programm auf diese ab, um sich ihr Stammpublikum zu halten. Reizvoller erscheint es aber, mit seinem Angebot auch neue Publikumskreise zu erschließen. Ein Heimat- oder Stadtmuseum setzt in der Regel auf die in der Region verwurzelten Menschen und will für diese ein Ort der Identifikation mit der jeweiligen Geschichte und Kultur sein. Es kann aber auch versuchen, der stärker gewordenen Fluktuation der Menschen Rechnung zu tragen, die Migration der Menschen und den Wandel als Konstante eines Ortes zu thematisieren.[2] So kann es auch kürzlich Zugezogenen oder nicht klassisch bildungsbürgerlichen Schichten die Spezifik des Ortes präsentieren, ihnen zeigen, dass sie nicht an einem x-beliebigen Ort, sondern in einem interessanten und unverwechselbaren Umfeld leben. Der Aufwand für eine solche Adressierung von neuen Zielgruppen ist sicherlich höher. Die Verantwortlichen müssen zunächst herausfinden, wer überhaupt in Frage kommt, was diese Menschen interessiert, womit sie gereizt und gefordert werden können. Zudem müssen sie mit gezielten Angeboten

2 Das Thema Museum und Migration ist ein Schwerpunkt in der Arbeit des Deutschen Museumsbundes, in dem ein eigener Arbeitskreis dafür existiert: http://www.museumsbund.de/de/fachgruppen_arbeitskreise/migration_ak. Siehe auch das Projekt http://www.migrationsgeschichte.de [Zuletzt gesehen am 29.9.2012], wo Objekte „mit Migrationshintergrund" gesammelt und präsentiert werden.

Abb. 20: Fußballtrikot des VfB Stuttgart-Spielers Serdar Tasci

Die Lebenserfahrungen aller Bürger Stuttgarts und ihre vielfältigen Geschichten stehen im Zentrum des Stuttgarter Stadtmuseums, das erst kürzlich gegründet wurde, derzeit eine Sammlung aufbaut und eine Dauerausstellung konzipiert. Bestimmte Ausstellungsbereiche sollen in einem partizipativen Prozess entstehen, den Dialog über die Stadt, ihre Geschichte und gegenwärtige Gesellschaft darstellen und anregen. Hier ist jeder Stadtbewohner als Experte gefragt. In den Jahren vor der Eröffnung werden die Stuttgarter mit Migrationshintergrund zu ihrer Geschichte befragt, und sie können persönliche Objekte in die Sammlung einbringen. Dadurch werden die Befragten schon im Vorfeld an das neue Museum gebunden.

Ein Objekt des Museums ist dieses Trikot des Fußballprofis Serdar Tasci (Abb. 20), das er in einem Bundesligaspiel des VfB Stuttgart trug. Er ist als Sohn türkischer Einwanderer in der Region geboren und aufgewachsen, identifiziert sich mit der Stadt und repräsentiert sie in einer breiten Öffentlichkeit – auch als deutscher Nationalspieler. Damit stiftet dieses Objekt starke Identifikation gerade bei Kindern und Jugendlichen gleich welchen sozialen und kulturellen Hintergrunds, die eine wichtige Zielgruppe des Museums darstellen.

Hemmschwellen des Museumsbesuchs abbauen. Aber der Erfolg, neue Besucherschichten erschlossen zu haben, sollte die Mühen wert sein.

Mit dem Wissen, wen sie adressieren, gehen die Vermittler nun an die Konzeption. Für diese Aufgabe arbeiten sie eng mit den Gestaltern zusammen und realisieren so kooperativ pädagogisch-ästhetisch die Ausstellung. In den museumspädagogischen Bereich fallen die Pläne zur Besucherleitung. Wege durch die Ausstellung können festgelegt und klar erkennbare Abteilungen vorgegeben werden. Dann wird das Produkt sehr didaktisch. Die Alternative liegt darin, die Besucher frei zwischen den Exponaten flanieren zu lassen, sie ihre Erkenntnisse sozusagen durch „Browsen" selbst gewinnen zu lassen. Solche offeneren Strukturen erlauben mehr Raum für eigene Assoziationen, bergen andererseits aber die Gefahr der Zusammenhangslosigkeit oder Beliebigkeit.

In jedem Fall sollten die bauliche Gestaltung und die Inszenierung der Exponate den Inhalt der Ausstellung widerspiegeln. Hilfreich für die Besucher ist es auch, wenn das ausgestellte Thema an deren Erfahrungs-

TIPP

Als Faustregel ist es empfehlenswert, die Besucherleitung desto deutlicher zu machen und die Abteilungen desto strenger voneinander zu trennen, je komplexer das Narrativ ist und je offener die Ergebnisse gehalten werden. Denn die Besucher müssen den Rahmen des Diskurses, in dem sie sich bewegen, erkennen, die Fragestellungen und die Schwerpunktsetzung. Nur dann können sie sich in das Thema hineindenken und selbst zu Erkenntnissen gelangen.

EINBLICK IN DIE PRAXIS

Abb. 21: Algorithmen als Kochrezepte vermittelt (MfK, Bern)

Das Schweizer Museum für Kommunikation, Bern, erklärt in seiner Dauerausstellung „As Time Goes Byte: Computergeschichte und digitale Kultur“ die Computer-Software, als bestehe sie aus einzelnen Kochrezepten, die zusammen das Funktionieren des Systems, metaphorisch der Küche, ermöglichen (Abb. 21). Die Küchenmetapher findet sich in der Gestaltung wieder, und am linken Küchenschrank klebt an Stelle eines Rezepts ein Flussdiagramm, das die Ablaufvorschriften einer Rechnung, einen Algorithmus, grafisch wiedergibt Die lebensnahe Gestaltung verringert die Hemmschwelle der Besucher, sich mit diesem sehr formalen Phänomen auseinanderzusetzen. (Vgl. Jakob Messerli: Besucherorientierung im Museum für Kommunikation in Bern. Die Dauerausstellungen über Computer und Briefmarken, in: Tobias G. Natter u.a. (Hg.): Die Praxis der Ausstellung. Über museale Konzepte auf Zeit und Dauer, Bielefeld 2012, S. 171).

horizonte angebunden ist. Ist ihre eigene Welt in irgendeiner Form berührt, interessieren sie sich auch für komplexe Inhalte und sind dann geistig wacher.

Ein weiteres didaktisches Mittel ist die Herstellung erläuternder Medien, klassischerweise Begleittexte, die die Bedeutung und Anordnung der Exponate erklären. Dieses Hilfsmittel ist notwendig, weil die Objekte an sich vielfach nicht ohne Weiteres zu verstehen sind. Wenn in diesem Leitfaden auch des Öfteren zu lesen ist, dass sie die Geschichte der Ausstellung erzählen oder gar dass sie „sprechen", so ist die Erfahrung der Besucher doch eher die, dass sie stumm vor ihnen stehen. Aus diesem Problem ergibt sich die Grundregel für das Verfassen begleitender Medien: Sie dürfen nur das erläutern, was ohne sie nicht zu verstehen ist. Die Besucher sehen das Objekt und müssen nicht das Gesehene nochmals lesen. Redundante Beschreibungen wie „Auf diesem Bild ist zu sehen ..." langweilen sie oder vermitteln ihnen das Gefühl, die Ausstellungsmacher hielten sie für schwachsinnig. Ebenso ist zu viel Text zu vermeiden. Eine Ausstellung ist ein Forum des Schauens und nicht des Lesens. Erklärt wird so viel wie nötig und so wenig wie möglich. Damit die Texte ihren Zweck erfüllen, muss das Team schon in der Konzeptionsphase die Bedeutung und den Umfang der Texte festlegen.

Der Objekttext sollte kurz, anschaulich und verständlich formuliert sein. Vorangestellt ist ein Objektkopf, eine Art Überschrift mit einer aussagekräftigen Betitelung, Angaben zu Autor/Hersteller, Material, Datierung und Herkunft, also der Sammlung, aus der das Objekt stammt. Der Text selbst informiert darüber, was zum Verständnis des Objekts notwendig ist, und hält den zentralen Aspekt fest, unter dem das Objekt in die Ausstellung Eingang gefunden hat. Wenn eine Untergliederung nach Abteilungen vorgenommen worden ist, dann sollte auch jede mit

EINBLICK IN DIE PRAXIS

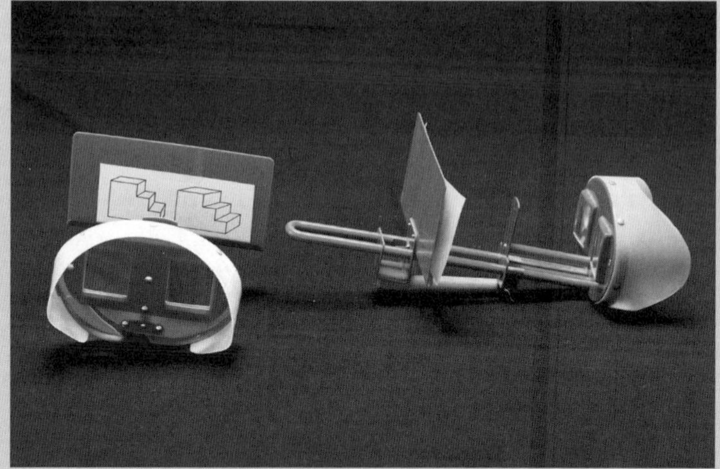

Abb. 22: Stereoskop aus einer psychologischen Sammlung

Ein exemplarischer Objekttext:

Stereoskop
1955, Inv. 0070

Diese Brille lenkt den Blick der beiden menschlichen Augen so um, dass sie vor sich nicht mehr zwei fast identische, nur leicht winkelverschobene Bilder, sondern ein dreidimensionales Objekt wahrnehmen. Das Exponat zeigt eindrücklich, wie konstruiert unsere Wahrnehmung ist, wie Körperteile vom Auge über den Sehnerv bis zum Visuellen Cortex die scheinbar selbstverständliche Tatsache unserer sichtbaren Umwelt erst herstellen. Wer weiß, ob ein Mensch die dritte Dimension nicht völlig anders wahrnimmt als der andere?

einem einführenden Text versehen sein und darin erklärt werden, was die Abteilung liefert. Erklärt sich das Thema der Ausstellung nicht ohnehin von selbst, wie etwa im Fall von „Picasso – das Frühwerk", dann ist ein Eingangstext dringend anzuraten, durch den die Besucher eine Hinführung zum Thema erhalten sowie die zentrale Fragestellung und den Aufbau der Ausstellung erfahren.

Oft kann der Objekttext die Funktion und Bedeutung der Exponate nicht vermitteln, oder das Thema kann nur durch Informationen erläutert werden, die über das Objekt hinausreichen. Dann können Medieninstallationen Sinn stiften und bieten je nach Budget gute Chancen zur Wissensvermittlung. Eine Tabelle mit Statistiken oder Bilanzen, ein Schaubild oder eine Bildergalerie kann unterschiedliche Aussagen zusammenführen. Auch Illustrationen, Karten, Diagramme oder Videoterminals sind hilfreich. Das Problem, zeitliche Veränderung in einer statischen Ausstellung zu zeigen, kann man lösen, indem man Prozesse simuliert, Modelle eines Objekts in unterschiedlichen Entwicklungsstufen anfertigt oder Interviews mit Zeitzeugen abspielt. All diese Möglichkeiten zeigen nur einen kleinen Ausschnitt der Palette an Vermittlungsmöglichkeiten, auch hier sind der Kreativität keine Grenzen gesetzt.

Weil die Besucher aus ihrem alltäglichen Konsum multimediale Darstellungen gewohnt sind, wecken diese ihr Interesse und rufen Neugierde hervor. Dabei gilt es stets zu reflektieren, was im Sinne der Wissensvermittlung ist und was nur mit den aktuellen Gewohnheiten der Besucher spielt und darüber Sensationen schafft. Vor etwa 15 Jahren galt es als letzter Schrei, Texte oder erklärende Modelle in Schubladen zu verstecken. Das Herausziehen aktiviert die Aufmerksamkeit der Besucher und lässt ihnen die dargebotenen Informationen interessanter erscheinen. Nachdem sich das Ausstellungspublikum allerdings an diesen Trick

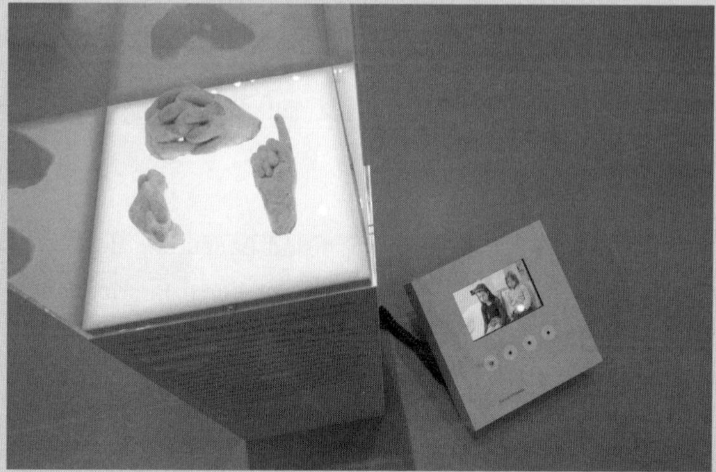

Abb. 23: Audivisuelle Medien mit kinderfreundlicher Sprache und Bedienung

Die Ausstellung „Wunder. Kunst, Wissenschaft und Religion vom 4. Jahrhundert bis zur Gegenwart" (Deichtorhallen Hamburg, 23.9.2011 bis 5.2.2012) umkreiste das Wunder als Phänomen der Wissenschaft, der Religion, der Kunst und des Alltags. Die Entdeckung von wissenschaftlich und kulturell Neuem wurde genauso darunter gefasst wie spirituelle und gemeinschaftliche Erfahrungen von etwas scheinbar Übernatürlichem. „Wunderwaffen", „wunderbare Kreaturen" aus dem Tierreich, das „Wunder von Bern", „wunderheilende" Ikonen wurden gezeigt und von etlichen zeitgenössischen künstlerischen Positionen begleitet, reflektiert und kommentiert. Da Kinder der gängigen Meinung zufolge einen weniger rationalen Zugang zu diesem Phänomen haben, wurde auch ihre Sicht darauf berücksichtigt: Die „Kinderspur" führte durch die Ausstellung anhand von Videoclips, die auf Monitoren neben einigen Exponaten zu sehen waren (Abb. 23). In den Filmen kommentierten Kinder aus ihrer Sicht und in ihrer Sprache die Objekte und Werke. Weil die Kopfhörer, mit denen allein der Ton zu hören war, exklusiv an Kinder ausgeteilt wurden, hatten diese einen Wissensvorsprung gegenüber Erwachsenen und stellten so das gängige Machtverhältnis in Frage. Ohne spürbare pädagogische Einmischung erhielten sie einen altersgerechten Zugang zur Ausstellung und lernten, sich innerhalb ihres Horizonts und nach ihrer Interessenslage mit Exponaten auseinanderzusetzen – eine wichtige Kompetenz für spätere Museumsbesuche.

gewöhnt hat, wirkt er heute eher wirkungslos und altmodisch. Eine vergleichbare Karriere könnte auch den Videoterminals bevorstehen, die wir heute vielfach in Ausstellungen sehen.

Die Besucher wollen gefordert werden, experimentieren und explorieren können, ohne sich im rein Medialen zu verlieren. Es gilt immer die Maxime, Sachverhalte zu erklären und auf einem Hintergrundwissen aufzubauen. Zielen die Vermittler auf eine Altersgruppe von 67 plus ab, dann hilft es nichts, für die Nutzung von begleitenden Medien neueste Technik wie ein Smartphone vorauszusetzen. Anstatt den Blick ständig auf das technische Gerät oder die Medieninstallationen zu richten, werden besser Orte geschaffen, die die Kommunikation zwischen den Besuchern anregen. Da die meisten Besucher nicht allein in Ausstellungen gehen, sondern entweder mit dem Partner, mit der Familie, mit Freunden oder sogar in großen Gruppen, gilt es die Kommunikation als Teil der Rezeption zu verstehen und zu optimieren. Die Besucher sollen sich untereinander austauschen können und nicht nur von scheinbar überlegenen Kuratoren einseitig lernen.

Generell ist vor der Gefahr der Didaktisierung und Mediatisierung zu warnen. Wenn die Besucher nur noch erläuterndes Beiwerk lesen und sich nicht mehr mit den eigentlichen Exponaten auseinandersetzen, liegt ein schwerer Fehler vor. Raum muss bleiben für selbständiges Entdecken! Denn die nicht-mediale Konfrontation mit Objekten erlaubt wie in keinem anderen Forum des Wissenserwerbs den Besuchern, sich aus eigener Anschauung und selbständig ein Urteil zu bilden. Statt die Besucher zu belehren, sollte also die Kommunikationssituation das Ziel der Vermittlungsarbeit sein – die Kommunikation der Besucher untereinander wie auch zwischen den Ausstellungsmachern und den Rezipienten. Die Information fließt dann nicht mehr nur in eine Richtung von

TIPP

1. Rezeptionsorientiert denken: Wechseln Sie während der Arbeit immer wieder die Perspektive und überlegen Sie, ob Sie als Besucher die Konzepte und Umsetzungen verstehen würden. Diese Fähigkeit lässt sich trainieren, indem Sie beim eigenen Besuch einer Ausstellung sich nicht nur deren Stärken und Schwächen bewusst machen, sondern auch auf andere Besucher achten. Verstehen diese das Konzept, die Besucherwege, die Erklärungen? Was nehmen sie wahr, was nicht? Was empfinden sie als gelungen, was nicht?

2. Ideen strukturieren: Explizieren Sie Ideen und Pläne für sich selbst immer wieder, um Klarheit und Durchschaubarkeit der Konzepte zu überprüfen bzw. Mängel dabei aufzudecken. Sie können etwa potentielle Besucherwege durch die Ausstellung in eine Karte zeichnen und daran nachvollziehen, ob die Abfolge der Betrachtung der Exponate sinnvoll ist.

3. Nicht zu subtil und metaphorisch konzipieren und gestalten: Elaborierte Ideen kommen bei Kollegen und Feuilletonisten an, aber nicht bei den normalen Besuchern. Weil Besucher meist unbedarft einen Ausstellungsraum betreten, wissen sie nicht, was auf sie zukommt und womit sie es zu tun haben. In dieser informellen Lernsituation kann die Arbeitsgruppe auch nicht mit übermäßig starken geistigen Anstrengungen seitens der Besucher rechnen. Einer zu hohen Intellektualität wird nicht auf den Grund gegangen, sondern die Schwelle, ihr geistig oder körperlich zu entfliehen, ist niedrig. Lernerfolge erzielen Besucher nur gemeinsam mit einem geistigen Genuss, der auf Neugier oder ästhetischem Affekt beruht. Sie nehmen die Besucher nur mit durch klare Inszenierungen, aussagekräftige Betitelungen der Ausstellung, der Abteilung, der Objekte und durch kurze mediale Einführungen.

wissenden Ausstellungsmachern zu unwissenden Besuchern, sondern diese werden gezielt in den Wissenserwerb mit einbezogen. Sogar in der Konzeptionsphase kann dies geschehen, wenn das Team seine Pläne veröffentlicht, etwa über Social Media, und die Klientel des Museums dazu aufruft, ihre Ideen zum Thema mitzuteilen. Mit einiger Wahrscheinlichkeit finden sich unter den Followern die einen oder anderen, die sich in einem speziellen Detail besser auskennen als die Kuratoren. Und selbst wenn nicht, die Besuchererwartungen zu kennen, hilft in jedem Fall, den Grad zwischen Vertrautem und Neuem, zwischen Unterhaltung und Unterrichtung zu treffen.

II. VERMITTLUNGSARBEIT WÄHREND DES VERLAUFS DER AUSSTELLUNG

Besucher können aktive Elemente des Erkenntnisgewinns in der Ausstellung sein. Enormes Potential dafür bergen Foren der Interaktivität und eigenständige Handlungen der Besucher. Diese sind umso notwendiger, wenn man berücksichtigt, dass durchschnittliche Besucher nach bereits 20minütiger Betrachtung einer Ausstellung ihren Aufmerksamkeitshöhepunkt überschritten haben. Jetzt sind sie dankbar für eine Alternative zur passiven Rezeption, möchten gerne selbst etwas tun. Die einfachste und eine der wichtigsten Lösungen ist es, dass sich die Besucher untereinander austauschen und so gegenseitig anregen. Die aktive Einbindung des Besuchers sorgt für eine lebendige Ausstellung und ermöglicht die Chance auf Evaluation der Ausstellung. Ein Terminal mit einem kleinen Quiz und ein paar eingebauten Bewertungen der Ausstellung kann sehr aufschlussreich sein, kostengünstiger ist eine persönliche Befragung.

EINBLICK IN DIE PRAXIS

Abb. 24: Greenscreen im Filmmuseum (Frankfurt a. M.)

Die Dauerausstellung im Filmmuseum, Frankfurt am Main, setzt neben historischen Objekten konsequent auf Mitmachelemente. Auf der einen Ebene können die Besucher die Entwicklung des bewegten Bilds und Films betrachten, auf der anderen Seite die technischen Details dahinter aktiv erfahren. Filmsequenzen lassen sich individuell anordnen oder die Lichtverhältnisse des Films am eigenen Körper nachvollziehen. Der Lieblingsbereich der Besucher ist in der Regel die Greenscreen-Passage, eine gebogene, grüne Fläche, die von drei Kameras in den Blick genommen wird (Abb. 24). Die Besucher betreten die Fläche und sehen sich selbst auf einem Surfbrett im Weltall, in einer Horrorkulisse mit Riesenspinnen oder auf der Kante eines Hochhausdaches. Die Verschränkung von reeller Lebenswelt und filmischen Effekten bezieht den Besucher hautnah und körperlich spürbar in das Ausstellungsthema ein und lässt ihn die Gestaltungsmittel des Mediums Film verständlich nachvollziehen.

Als zusätzliches Mittel zur Besucheraktivierung bieten sich interaktive Medien oder Mitmach-Objekte an, deren Funktion jeder ausprobieren darf. Gerade Technikmuseen und Science Centers setzen häufig auf sogenannte „Hands-on"-Objekte, an denen die ausgestellten Phänomene ersatzweise vermittelt werden. Wie etwa ein Kreiselkompass aussieht, ist leicht zu demonstrieren; wie er aber funktioniert, das probieren die Besucher am besten selbst aus.[3] Denn das Wort Begreifen kommt von Greifen. Erkenntnis ist auch ein körperlicher Prozess, und je mehr Sinnesorgane eingehende Information rezipieren, desto größer der Erkenntnisgewinn – und desto größer der Vorsprung direkter musealer Erfahrung gegenüber medialer Rezeption. Dass Anfassen und Mitmachen nicht nur eine zusätzliche Erkenntnismöglichkeit liefern, sondern nebenbei unterhalten und damit den Ausstellungsbesuch zusätzlich attraktiv machen, birgt aber auch Risiken. Zum einen sinkt die Hemmschwelle der Besucher, alle Exponate anzufassen, wodurch konservatorische Probleme entstehen können. Zum anderen verleiten die entstehenden Möglichkeiten nur allzu leicht, den Erkenntnisgewinn in den Hintergrund zu rücken und die Ausstellung zum reinen Erlebnisort zu machen.

Eine zweite Möglichkeit, die Besucher geistig zu aktivieren, sind begleitende Veranstaltungen, an denen die Kuratoren direkt mit ihnen in einen Dialog treten. Nahe liegt dabei die Organisation eines ausstellungsergänzenden Bildungsprogramms. Für mehrere Zielgruppen muss ein Angebot unterschiedlicher Führungen bestehen, in denen die Objekte und das Narrativ erklärt werden, die aber auch zu weitergehenden Vorführungen und Mitmachaktionen genutzt werden können. Dafür

3 Dazu Markus Sommer: Hands-on im Technikmuseum. Zur Vernetzung von Wissen und Erfahrungen, in: Ferrum 83 (2011), S. 63–70.

EINBLICK IN DIE PRAXIS

Die Möglichkeiten der Besucheraktivierung nutzte Ni Haifeng künstlerisch, als er in der Ausstellung „The Global Contemporary. Kunstwelten nach 1989" (ZKM Karlsruhe, 17.09.2011 bis 05.02.2012) die Besucher aufforderte, Stofffetzen mit einer mechanischen Maschine zusammenzunähen. Die Installation „Para-Productions" drehte den gewöhnlichen Herstellungsprozess von Kleidung um, indem Stoffreste aus asiatischen Fabriken zur Verarbeitung nach Deutschland eingeführt wurden. Die Mitmachenden erlebten am eigenen Körper, wie mühsam sich Näherinnen in der Dritten Welt ihr weniges Geld verdienen, damit wir billig Kleidung kaufen können.

Abb. 25: Ni Haifeng „Para-Productions" (ZKM, Karlsruhe)

sollte ein separater Raum zur Verfügung stehen, worin die Teilnehmer, ohne die restlichen Besucher zu stören, Modelle oder weniger wertvolle Objekte beispielsweise berühren, nachbauen oder ihre Funktion ausprobieren können. Dieses Angebot ist besonders bei Kindern und Schulklassen beliebt. Einerseits versprechen sich Eltern und Lehrer von solchen Veranstaltungen einen erhöhten Lernerfolg, andererseits entwickeln sich die Kinder dadurch zu kompetenten und frühzeitig erfahrenen Ausstellungsrezipienten.

EINBLICK IN DIE PRAXIS

Abb. 26: Produkte aus der Kinderwerkstatt des MfK Frankfurt a. Main

In der Dauerausstellung des Museums für Kommunikation Frankfurt erzählen die Exponate, wie Menschen zu allen Zeiten mit Kommunikationstechniken lebten und Medien nutzten – von 4000 Jahre alten mesopotamischen Tontäfelchen mit Keilschrift bis zu heutigen Internetforen. Ergänzend dazu können Kinder ab 4 Jahren in einer Mitmach-Ausstellung, der „Kinderwerkstatt“, spielerisch die verschiedenen Formen der Kommunikation und Techniken der Nachrichtenübermittlung begreifen. Sie können an Computern chatten und morsen, mit Linoldruckfarbe kleine Bilder herstellen und am Stehpult mit einem Gänsekiel schreiben. Die Erfinderecke bietet den Kindern die Möglichkeit, aus alten Telefonteilen phantasievolle Figuren zu basteln (Abb. 26), und mittels Rohrpost können die Kinder Nachrichten verschicken. Was sie in der Werkstatt hergestellt haben, dürfen sie mit nach Hause nehmen, und noch wichtiger: Sie haben aktiv und selbständig für sich erfahren, welche bedeutsame Kulturtechnik die mediale Kommunikation ist. Nebenbei baut sich das Museum ein Image als familienfreundliches Haus auf, ohne ein reines Kindermuseum zu sein.

Abb. 27: Doppeltes Lernen durch „Stille Post“

Mit dem Prinzip der Nachrichtenübermittlung und ihrer Fehleranfälligkeit beschäftigte sich ein museumspädagogisches Projekt am MKF, das zu einer ganzen Ausstellung ausgebaut wurde: „Stille Post“ war eine Kettenbildaktion, bei der ein Künstler ein Bild malte, einem anderen davon erzählte, der sein Verständnis und seine Eindrücke wieder in ein Bild einfließen ließ. Die Ausstellung (14. November 1997 bis 4. Januar 1998) präsentierte sowohl die Bilder wie auch die Telefonate und führte die Idee „Stille Post“ im Begleitprogramm fort (Abb. 27): Angemeldeten Besuchergruppen wurde ein nicht sichtbares Gemälde mittels einiger zentraler Begriffe beschrieben. Nun mussten sie die empfangenen Informationen malerisch umsetzen. Kreativität, Phantasie und Aufmerksamkeit innerhalb der Medien Sprache und Kunst wurden gleichermaßen gefördert.

Auch für Erwachsene lässt sich ein entsprechendes Begleitprogramm erarbeiten. Denkbare Veranstaltungen sind Expertenvorträge zu einem Teilaspekt des Themas, einer Abteilung oder einem einzelnen Objekt, Events außenstehender Projektpartner in der Ausstellung, ein ergänzendes Programm in einer anderen Kultureinrichtung, etwa eine zum Thema passende Filmreihe in einem örtlichen Kino. Solche Veranstaltungen generieren neue Interessentenkreise, schaffen eine andere Herangehensweise an das Thema und weiten das Projekt inhaltlich genauso wie sozial über die reine Ausstellung aus. Und die Organisatoren und Teilnehmer der Begleitveranstaltungen haben die Möglichkeit, Meinungen über die Qualität des Projekts und eventuell neue Antworten auf die konzeptionellen Fragen zu erhalten. Allerdings lenkt eine Eventisierung schnell von den Kernbotschaften ab, macht diese nur allzu leicht zur bloßen Plattform für kurzfristige Shows, verführt also zum Ausverkauf der Ausstellung. Zudem kosten die Veranstaltungen Geld und binden viel Arbeitskraft, die im schlechtesten Fall für die eigentliche Ausstellungsvorbereitung und -durchführung fehlt. Events gleich welcher Art sind also nur als Hilfsmittel für die Vermittlung der Inhalte und das Marketing einzusetzen und nur in dem Umfang einzuplanen, der mit der Kernaufgabe vereinbar erscheint.

III. EVALUIERENDE VERMITTLUNG ALS ERFAHRUNGSLERNEN

Eine offene Ausstellung, die nicht auf alle Probleme klare Antworten hat, benötigt die Rezeption des Publikums und eventuell neuartige, von Seite der Kuratoren nicht intendierte Urteile als essentiellen Bestandteil des Erkenntnisgewinns. Das einfachste und unaufdringlichste

Mittel, diese zu eruieren, ist es sicherlich, ein Gästebuch auszulegen, in das die Besucher unbeobachtet und dadurch ohne Scheu ihre Meinung schreiben können. Allerdings besteht keine Kontrolle darüber, wer diese Plattform nutzt – und erfahrungsgemäß kann man nicht von einem repräsentativen Querschnitt durch die Besucher ausgehen. Um Publikumsmeinungen zielgerichtet und systematisch zu erhalten, sind Besucherbeobachtungen und -befragungen nötig.

Mit dem ethnographischen Mittel der Beobachtung kann man analysieren, wie die Besucher sich in der Ausstellung verhalten. Wichtig dabei ist, einerseits einen vorgefertigten Leitfaden zu haben, der eine gewisse Systematik in die Untersuchung bringt, andererseits auch für unvorhergesehene Stimmungen offen zu bleiben.

In einem zweiten Schritt kann man ausgewählte Besucher zu einem kurzen Interview bitten und, wer auch quantifizierbare Daten erheben möchte, Evaluationsbögen verteilen oder Medienstationen zur Besucherbefragung aufbauen.

Die Evaluation zeigt, was die Besucher in der Ausstellung gelernt haben, ob sie Anregungen zum selbständigen Weiterdenken erhalten haben, wie sie sich unterhalten fühlten, ob dafür eher die emotionalen Reize der Inszenierung verantwortlich waren oder ob das Narrativ ihre Neugier weckte, ob also die Unterhaltung den Lernerfolg spielerisch beförderte. Zudem erhalten die Kuratoren auf diesem Weg Anregungen, was den Besuchern gefallen hat und was sie beim nächsten Mal besser machen können. Diese Erfahrungen ernst zu nehmen und aus ihnen zu lernen, zeichnet gute Ausstellungsmacher aus.

EINBLICK IN DIE PRAXIS

Exemplarische Fragen für einen Evaluationsbogen:

Vielen Dank, dass Sie an der Umfrage teilnehmen. Selbstverständlich werden wir Ihre Angaben vertraulich und anonym behandeln.

1. ÖFFENTLICHE WAHRNEHMUNG DER AUSSTELLUNG
1.A WIE HABEN SIE VON DER AUSSTELLUNG ERFAHREN?
[ ] Zeitung/Zeitschriften
[ ] Plakate
[ ] Touristen-Info
[ ] Internet
[ ] Persönliche Empfehlung
[ ] Schule
[ ] Universität
[ ] Sonstiges

1.B NUTZEN SIE UNSER SOCIAL-MEDIA-ANGEBOT?
[ ] Ja
[ ] Nein
[ ] Kenne ich nicht

WENN JA, WIE SEHR SIND SIE DAMIT ZUFRIEDEN?
[ ] Vollständig [ ] Meistenteils [ ] In Teilen [ ] Kaum [ ] Gar nicht

1.C WARUM HABEN SIE DIE AUSSTELLUNG BESUCHT?
[ ] Ich interessiere mich für das Thema
[ ] Ich kenne die bisherigen Ausstellungen
[ ] Ich war zufällig in der Stadt
[ ] Ich begleite jemanden, der die Ausstellung sehen wollte
[ ] Ich bin Teil einer Gruppe/Schulklasse
[ ] Anderer Grund

1.D WELCHE ERWARTUNGEN VERBANDEN SIE MIT DEM BESUCH?
[ ] Lehrreiches Erlebnis
[ ] Genussvolles Erlebnis
[ ] Spaß
[ ] Persönliche Weiterbildung
[ ] Sonstiges
[ ] Ich hatte keine Erwartungen

2. AUSSTELLUNGSBESUCH

2.A WIE LANGE DAUERTE IHR BESUCH IN DER AUSSTELLUNG?

[ ] Bis 30 min
[ ] 30min–1h
[ ] 1–2h
[ ] 2–3h
[ ] Länger als 3h

2.B WIE BEWERTEN SIE FOLGENDE ANGEBOTE?

Führung	[ ] gut	[ ] geht so	[ ] überhaupt nicht
Audio-Guide	[ ] gut	[ ] geht so	[ ] überhaupt nicht
Café	[ ] gut	[ ] geht so	[ ] überhaupt nicht
Informationsmaterial	[ ] gut	[ ] geht so	[ ] überhaupt nicht
Begleitprogramm	[ ] gut	[ ] geht so	[ ] überhaupt nicht

2.C WIE WAREN SIE MIT DEN SERVICEUMFANG ZUFRIEDEN?

[ ] Vollständig
[ ] Meistenteils
[ ] In Teilen
[ ] Kaum
[ ] Gar nicht
[ ] Kann ich nicht beurteilen

2.D INWIEWEIT WURDE DIE AUSSTELLUNG IHREN ERWARTUNGEN GERECHT?

[ ] Vollständig
[ ] Meistenteils
[ ] In Teilen
[ ] Kaum
[ ] Gar nicht
[ ] Kann ich nicht beurteilen

2.E WIE HABEN IHNEN DIE FOLGENDEN TEILE DER AUSSTELLUNG GEFALLEN?

Eingangsbereich	[ ] gut	[ ] geht so	[ ] überhaupt nicht
Thematische Einführung	[ ] gut	[ ] geht so	[ ] überhaupt nicht
Präsentation der Objekte	[ ] gut	[ ] geht so	[ ] überhaupt nicht
Beschilderung	[ ] gut	[ ] geht so	[ ] überhaupt nicht
Gestaltung	[ ] gut	[ ] geht so	[ ] überhaupt nicht
Audiovisuelle Medien	[ ] gut	[ ] geht so	[ ] überhaupt nicht
Aufbau der Ausstellung	[ ] gut	[ ] geht so	[ ] überhaupt nicht

2.F WURDE DAS THEMA ANGEMESSEN ERLÄUTERT?

[ ] Ja
[ ] Nein

2.G WELCHE OBJEKTE SIND IHNEN IM GEDÄCHTNIS GEBLIEBEN?

3. DEMOGRAFISCHE ANGABEN
3.A WIE ALT SIND SIE?

3.B GESCHLECHT
[ ] Männlich
[ ] Weiblich

3.C HÖCHSTER BILDUNGSABSCHLUSS
[ ] Hauptschule
[ ] Mittlere Reife
[ ] Fachschule
[ ] Abitur
[ ] Bachelor/Master/Diplom
[ ] Promotion
[ ] noch keinen
[ ] Anderes

3.D BERUFSLEBEN
[ ] Arbeitslos
[ ] Schüler
[ ] Studierender
[ ] Arbeitnehmer
[ ] Arbeitgeber / selbstständig
[ ] Rentner

3.E WIE VIELE MUSEEN HABEN SIE IN DEN LETZTEN 6 MONATEN BESUCHT?
[ ] Keins
[ ] 1–2
[ ] 3–5
[ ] 6–10
[ ] Mehr als 10
[ ] Weiß nicht/keine Angabe

4. MÖCHTEN SIE WEITERE INFORMATIONEN ERHALTEN?
[ ] Ja
[ ] Nein

5. ANMERKUNGEN, LOB, KRITIK

6. IHRE KONTAKTDATEN (optional)

Vorname:
Name:
Straße:
Postleitzahl:
Ort:
Emailadresse:

GRUNDLEGENDE/WEITERFÜHRENDE LITERATUR

Bodemer, Daniel u.a. (Hg.): Implizite besucherorientierte Museumsführungen (11. Fachtagung Pädagogische Psychologie), Berlin 2007

Commandeur, Beatrix u. Dorothee Dennert (Hg.): Event zieht – Inhalt bindet. Besucherorientierung von Museen auf neuen Wegen, Bielefeld 2004

Dawid, Evelyn u. Robert Schlesinger (Hg.): Texte in Museen und Ausstellungen. Ein Praxisleitfaden, Bielefeld 2002

Dech, Uwe Christian: Sehenlernen im Museum – Ein Konzept zur Wahrnehmung und Präsentation von Exponaten, Bielefeld 2003

John, Hartmut u. Anja Dauschek (Hg.): Museen neu denken. Perspektiven der Kulturvermittlung und Zielgruppenarbeit, Bielefeld 2008

Kaiser, Brigitte: Inszenierung und Erlebnis in kulturhistorischen Ausstellungen. Museale Kommunikation in kunstpädagogischer Perspektive. Bielefeld 2006

Mandel, Birgit (Hg.): Kulturvermittlung – zwischen kultureller Bildung und Kulturmarketing. Eine Profession mit Zukunft, Bielefeld 2005

Schwan, Stephan u.a. (Hg.): Lernen im Museum. Die Rolle von Medien (= Mitteilungen und Berichte aus dem Institut für Museumsforschung 38), Berlin 2006

Talboys, Graeme K.: Museum educator's handbook, Aldershot 2000

MANAGEMENT

6. MANAGEMENT

Nachdem wir nun das ideelle und materielle Gerüst einer Ausstellung vorgestellt haben, ist es an der Zeit, den organisatorischen Rahmen zu besprechen. Denn wir wollen es ernst nehmen, dass es sich beim Ausstellungsmachen um ein „Projekt“ handelt. Wenn dieser Begriff nicht – wie häufig – eine reine Floskel sein soll, dann dreht es sich um einen bestimmten Tätigkeitskomplex mit klar definiertem Ziel, das in einem abgesteckten Zeitraum zu erreichen ist. Wir bewegen uns nun also im Bereich des Managements und müssen dessen Regeln berücksichtigen. Die Fokussierung auf das Projektmanagement birgt die Gefahr, dass dieser Teilbereich zu sehr in den Vordergrund gedrängt wird. Das Kulturprojekt würde dann nicht mehr primär um seines Inhalts willen angegangen, sondern allein aus ökonomischen Gründen, sprich: die Optimierung der Abläufe und der Gewinn, sei es nun in einer finanziellen Währung, in der des Prestiges oder der Besucherzahlen, würden zum dominierenden Zweck des Projekts. Wenn aber die Erfahrungen und etablierten Methoden aus dem Projektmanagement lediglich als Hilfsmittel verstanden werden, dann können diese die Realisierung und Präsentation der Inhalte entscheidend verbessern, ohne dem kulturellen Mehrwert des Projekts zu schaden.

Viele Projekte scheitern, weil bedeutende organisatorische Punkte nicht beachtet werden. Fehlende Zieldefinition, Entscheidungsunfähigkeit, unrealistische Projektplanung, unkontrollierte Umsetzung und fehlende Standardfestlegung sind die Hauptgründe für das Versagen.[1] Um dies zu verhindern, bietet es sich an, das Projekt in vier Phasen zu untergliedern. Die organisatorische Arbeit stimmt dabei mit der inhaltlichen nicht immer überein:

→ Projektvorplanung
→ Konzeptionsphase
→ Realisierungsphase
→ Ausstellungsverlauf samt Abbau und Evaluation

Bevor das Projekt überhaupt anrollt, müssen die Strukturen klar werden. Welche Probleme bestehen, existiert ein externer Auftrag, beispielsweise vom Träger des Museums, was will dieser Auftraggeber, was ist das interne Ziel und was soll erreicht werden. Welche Kriterien machen das Projekt zum Erfolg? Wie sind die Ziele zu erreichen? Wie kann sich das Projekt von anderen ähnlichen abgrenzen? Wer soll erreicht werden?

Diese erste Phase bestreitet in der Regel allein die Person, die in der Folge für das Projekt verantwortlich zeichnet, also der Projektleiter. Er sollte sich dabei auch klarmachen, wie die personelle Struktur aussehen wird. Zunächst ist ein Kern-Team zu bestimmen, das das Projekt bearbeiten wird. Indem der Projektleiter das Projektteam, also die Bearbeiter des Projekts, zusammenruft, läutet er die zweite Phase ein. Gemeinsam legt das Team nun den tatsächlichen Umfang des Projekts,

1 Laut „Betriebliche Projektwirtschaft. Eine Vermessung. Eine empirische Studie des Instituts für Beschäftigung und Employability (IBE) im Auftrag von HAYS". Siehe http://www.hays.de/mediastore/pressebereich/Studien/pdf/HAYS-Studie_Projektwirtschaft_2010.pdf?nid=6356a082-7739-4abe-b803-827b117a908f [Zuletzt gesehen am 29.9.2012].

TIPP

Für den Projektleiter gilt es bei der Arbeit im Team einige zentrale Aspekte zu beachten:

Er muss klare Arbeitsregeln wie Anwesenheit, Pünktlichkeit, Zuverlässigkeit oder die Protokollierung der Sitzungen, Ideen und Ergebnisse festlegen und durchsetzen.

Er muss das Team entwickeln, gegebenenfalls Kleingruppen zur Erledigung klar begrenzter Aufgaben einrichten und die psycho-sozialen Gruppenprozesse wie Eifersüchteleien und Eitelkeiten steuern.

Er muss eine kreativitäts- und leistungsfördernde Arbeitsatmosphäre schaffen.

seine Elemente und seinen zeitlichen Verlauf fest, selbstverständlich unter Berücksichtigung des ursprünglichen Auftrags. Dieses Treffen ist der „Kick-Off", der Termin, zu dem das Projekt offiziell startet und ab dem alle Bearbeiter sich über ihre Aufgaben im Klaren sein sollen.

Die unterschiedlichen Arbeitsgruppen ergeben sich bestenfalls aus den individuellen Interessen, Kenntnissen und Kompetenzen der Bearbeiter; es kann jedoch auch sein, dass der Projektleiter die Tätigkeiten aus allseits unbeliebten Bereichen kraft amtlicher Autorität vergeben muss. Für ein arbeitsteiliges Projekt bietet sich eine Gliederung entsprechend dem Leitfaden an: Einen Schwerpunkt bildet die inhaltliche Arbeit samt Recherche der Objekte und Verfassen der Texte, der nächste ist die Gestaltung, der dritte die Museumspädagogik oder Vermittlung, dann die Finanzierung und schließlich die Vermarktung.

Selbstredend bedingt auch der personelle Umfang des Ausstellungsteams dessen Untergliederung. Bei einer großzügigen Personalstruktur kann dies neben der Leitung aus einem Projektmanager, der sich allein um organisatorische Belange kümmert, einem Leiter für jede Arbeitsgruppe und jeweils mehreren untergeordneten Bearbeitern bestehen. Im kleinsten Fall kann der Projektleiter auch alle Posten selbst übernehmen, das Projekt also allein bestreiten. Auch wenn eine Person mehrere Schwerpunkte behandelt, in jedem Fall muss sie sich der kategorialen Unterschiede zwischen den Aufgabenfeldern bewusst sein und immer exakt wissen, auf welchem Gebiet sie gerade arbeitet und was dabei bis zum Ziel noch zu tun ist. Wir gehen im Folgenden von einem mittleren Teamumfang aus, mit einem Projektleiter, der die Mitglieder anleitet und deren Ergebnisse bewertet, einem Projektmanager, der ein funktionierendes Zusammenarbeiten garantiert, Zeit- und Kostenpläne erstellt, deren Einhaltung kontrolliert sowie den Leihverkehr, den Objekttransport und den Aufbau organisiert, einem Kurator, der die geistigen und dinglichen Inhalte erarbeitet, und jeweils einem Bearbeiter für Gestaltung, Vermittlung und Öffentlichkeitsarbeit/Eventmanagement.

Man kann die Arbeitsteilung auch offener gestalten und jedes Teammitglied an der kuratorischen Ausarbeitung beteiligen. Einzelne Aspekte auf das Thema, die auch die Abteilungen der Ausstellung bilden, können beispielsweise von je einem Projektmitglied bearbeitet werden. Wenn jedoch die inhaltliche Arbeit Sache des Plenums ist, dann ist die Koordination zwischen den Teilgebieten und die Kontrolle der einzelnen Tätigkeiten umso komplexer. In jedem Fall muss die Leitung auf die Arbeitsgruppen einwirken und sich das letzte Wort vorbehalten, etwa wenn es um die Budgetierung oder das Gesamtergebnis geht. Denn sie hat das Projekt gegenüber den Trägern der Institution oder sonstigen Auftraggebern zu verantworten.

Für ein gutes Gelingen des Gesamtprojekts sind Plenumstreffen unverzichtbar, damit alle regelmäßig die einzelnen Schwerpunktarbeiten besprechen. Jeder Mitarbeiter soll immer über die Fortschritte oder Probleme der anderen auf dem Laufenden bleiben. Das verringert nicht nur die Gefahr, dass sich die Bearbeiter in ihren Einzelaufgaben verlieren, sondern die Bearbeiter eines Spezialgebiets müssen durch regelmäßige gegenseitige Rechenschaft bereits im Werden des Projekts ihr Vorgehen klar strukturiert und für Außenstehende verständlich darlegen. Und Kritik von außen kann davor bewahren, sich auf falsche Wege zu begeben. Möglichst viele solcher Risiken, alles, was vor dem Erfüllen der Aufgabe abhalten kann, sollte sich das Team bereits in dieser planerischen Phase vergegenwärtigen. Gefahr erkannt, ist zwar nicht in jedem Fall Gefahr gebannt, aber ein ehrlicher Katalog drohender Hindernisse hilft, Gegenstrategien zu entwickeln. Ein funktionierendes Risikomanagement ist essentieller Bestandteil eines jeden erfolgreichen Projekts.

Zu einem zufriedenstellenden Ziel führt nur ein kollegiales und Freude verbreitendes Zusammenarbeiten. Denn nur in einer solchen Atmosphäre können sich auch alle zu hoher Leistung motivieren und ihre Kreativität in den Dienst des Projekts stellen. Als Grundsatz gilt „Machen statt Grübeln". Man braucht kein Thema zu fürchten, muss in erster Linie Spaß am Projekt finden und kann auch einen spielerischen Umgang damit pflegen. Dazu gehört, scheinbaren Unfug und abstruse Ideen zuzulassen. Wichtig ist zudem, dass die Bearbeiter persönliche Zugänge zum Thema finden und für sich selbst interessante Aspekte herausarbeiten. Besser sie haben zu viele und übertriebene Ideen, die sich dann teilweise als nicht praktikabel herausstellen, als dass sie gehemmt sind, aus Angst vor Fehlern ihre Zeit in Detailarbeiten verschwenden und dadurch eine uninspirierte Ausstellung entwerfen oder gar an ihrer Aufgabe scheitern.

Abb. 29–31: Der Konsumweg von Coltan, von Mosambik bis ins Smartphone

Da sich bei der Ausstellung „Alles Gute kommt von unten" des Tübinger Universitätsmuseums kein einziger Geowissenschaftler im Projektteam befand, fiel es allen Beteiligten schwer, sich fundierte Inhalte zu erschließen. Um einen Zugang zu gewinnen, wählten die Bearbeiter eine individuelle, konsumentenorientierte Perspektive auf das Thema. Die Leitfrage war, welche Ressourcen unser alltägliches Handeln berühren und welche ökologischen und sozialen Folgen daraus entstehen. Entsprechend wählte das Team als Untertitel „Unser Umgang mit Ressourcen aus der Erde", wobei es besonderen Wert auf das „Unser" legte. Da das Thema anschlussfähig an die Erfahrungshorizonte gerade junger Menschen war, wurde auch deren persönliches Interesse geweckt. Sie konnten sich etwa informieren, welche Rohstoffe in ihrem Handy verbaut sind, unter welch bedenklichen Umständen diese abgebaut und gehandelt werden, und sie sollten für Strategien eines ressourcenschonenden Konsums sensibilisiert werden (Abb. 29–31).

Auch vor komplett fremden Themen muss man nicht zurückschrecken. Ausstellungsmacher sind nicht unbedingt Experten für das Thema, das sie bearbeiten, sondern sie verstehen sich vor allem auf die museale und organisatorische Ebene. Überspitzt formuliert, müssen sie keine Doktorarbeit abliefern, sondern ihre zentrale Leistung ist es, dass sie sich in einem kurzen Zeitraum in ein Thema einarbeiten, um ein zeitlich, finanziell und inhaltlich klar eingegrenztes Projekt bearbeiten zu können.

Zusätzlich kann das Team Experten von außen vorübergehend mit ins Projekt hereinnehmen. Es muss schon zu Beginn des Projekts fragen, was es selbst bearbeiten kann und wozu es externe Hilfe braucht. Ein beliebtes Mittel ist es, dass Fachleute für das Ausstellungsthema Aufsätze bereitstellen, die den Kuratoren den Inhalt nahebringen und die anschließend in einem Katalog veröffentlicht werden. Auch die Ausstellungsgestaltung vergeben viele Museen an freischaffende Agenturen. Allerdings gilt dabei zu bedenken, dass alle Aufgaben, die nach außen gehen, Zeit und vor allem Geld kosten. Wie das Projekt strukturiert wird, hängt also eng zusammen mit dem Finanzplan und den Möglichkeiten, die dieser zulässt.

Die strukturellen Eckpunkte des Projekts sollten auf dem Kick-Off-Meeting festgelegt worden sein und müssen anschließend in einem Management-Steckbrief, also einem organisatorischen Konzept, verschriftlicht werden. Darin sind die Projektziele benannt, sei es die wissenschaftliche Aufarbeitung eines Themas, die Vermittlung bestimmter Inhalte, das Erreichen einer bestimmten Besucherzahl und Presseresonanz oder anderes. Je genauer und messbarer dies geschieht, desto klarer lässt sich der Erfolg, aber auch der Misserfolg bewerten. Dann sollten der „Markt", also alle vergleichbaren Institutionen und Projekte, die Vernetzung des Projekts mit und seine Abgrenzung von diesen, in Managementsprache: das Alleinstellungsmerkmal, beschrieben und die Zielgruppen charakterisiert werden. Zudem sind alle zu realisierenden Projektelemente festzulegen, angefangen vom Raum und der Dauer der Ausstellung über die Eintrittspreise, die Personalstruktur samt Aufsichten und Ausstellungsführern bis hin zum ausstellungsbegleitenden Katalog und allen Begleitveranstaltungen, etwa einer Pressebegehung, einer Vernissage oder einem Führungsprogramm. Ebenso hat der Management-Steckbrief das Projekt nach den einzelnen Schwerpunkten und Arbeitsgruppen zu gliedern und die dazugehörenden Bearbeiter zu benennen. Schließlich ist ein Zeitplan unumgänglich. Bis wann muss ein Finanzplan stehen? Bis wann muss die Objektliste vollständig sein? Bis wann müssen welche Drucksachen fertig sein? Wann muss die Presse informiert werden? Ab wann müssen die Gestalter mit dem Aufbau beginnen?

Dieser Schritt führt deutlich vor Augen, welchen Umfang das Projekt haben wird. Sollte das Team zu dem Schluss kommen, dass es die zu erwartende Arbeit mit seinem personellen Umfang oder seinem Etat nicht stemmen kann, dann verkleinert es jetzt das Vorhaben. Ein begleitender Katalog zum Beispiel ist ein „Kann-“, aber kein „Muss-Posten“ und rückt gerne auf die Streichliste, weil seine Herstellung inhaltlich, organisatorisch und finanziell aufwendig ist. Für ihn spricht, dass er eines der wenigen Dokumente ist, die von einer temporären Ausstellung bleiben, dass seine Veröffentlichung ein breiteres, ortsunabhängiges Publikum anspricht und dass darin vertieft über das Ausstellungsthema nachgedacht wird. Man sollte also das Wesen seiner Ausstellung ehrlich befragen und reflektieren, ob ihre Inhalte oder die präsentierten Objekte so neuartig und bedeutend sind, dass sie schriftlich verewigt werden müssen. Wenn es genügt, dass die Ausstellung für sich eine

begrenzte Zielgruppe anspricht, dann ist der Katalog tatsächlich verzichtbar. Kostengünstige Alternativen sind kleine Handreichungen als Ausstellungsführer.
Hat sich das Team auf Struktur und Umfang des Projekts geeinigt, dann liegt mit dem Management-Steckbrief und dem inhaltlichem Konzept ein ausgearbeiteter Projektplan vor, der nur noch um einen detaillierten Finanzplan erweitert werden muss. Damit ist der Fahrplan des Projekts festgelegt. Nun sollten die anfangs verfassten organisatorischen Pläne idealerweise nur noch realisiert werden müssen.[2] Das wird tatsächlich nie durchzuhalten sein, und die Realität wird immer komplexer als das vorab Gedachte. Zudem beginnt jetzt erst die Konzeptionsphase, die Zeit wissenschaftlich-konzeptionellen Arbeitens, und noch einige Monate gehen ins Land, bis alle Inhalte für das Projekt erfasst und in eine Struktur gebracht sind. Gute Organisation beginnt, wo Pläne an ihre Grenzen stoßen, aber gute Pläne sind eine notwendige Basis dafür. Was geplant wird, kann schiefgehen; was nicht geplant wird, wird schiefgehen. Der Abgleich des tatsächlich Erreichten mit dem Plan ist eine Erfolgskontrolle, die den Fortschritt messbar macht. Anhand der im Management-Steckbrief festgehaltenen Termine ist zu sehen, ob die einzelnen Aufgaben rechtzeitig erledigt worden sind und das Team damit auf einem guten Weg ist oder ob es in zeitliche Schwierigkeiten gerät. Wenn es in Verzug ist, muss es die Arbeitsintensität erhöhen oder gegebenenfalls Projektelemente streichen.

Einen bedeutenden Meilenstein auf dem Weg zur Ausstellungseröffnung kann ein öffentlicher Workshop mit Experten zum Ausstellungsthema bilden, der gleichermaßen die Bearbeiter inhaltlich informiert,

2 Der zeitliche Verlauf des Projekts und die anfallenden Aufgaben in den einzelnen Schwerpunkten werden im Kapitel „Zeitplan“ detailliert aufgeführt.

über Diskussion das Thema fundiert, wie er auch einen Marketingeffekt mit sich bringt, wenn er hinreichend beworben wird. Da es sich anbietet, die Expertenvorträge in einem Katalog zu publizieren, muss der Zeitpunkt so gewählt werden, dass für eine schriftliche Ausarbeitung, die Redaktion der Texte und die Drucklegung noch genügend Zeit bleibt. Eine Spanne von neun bis sechs Monaten vor der Eröffnung ist erfahrungsgemäß optimal. Dann liegen Workshop und Vernissage nahe genug aneinander, dass man durch geschicktes Marketing kontinuierlich öffentliche Aufmerksamkeit aufrecht erhalten und schrittweise steigern kann. Ob das Team nun einen solchen Workshop veranstaltet oder externe Experten ohne vorherigen Vortrag Beiträge liefern oder die Bearbeiter selbst Aufsätze für eine Begleitveröffentlichung verfassen, in jedem Fall bietet es sich an, dass die Deadline für die Texte das Ende der Konzeptionsphase der Ausstellungsvorbereitung und den Beginn ihrer Realisierungsphase markiert. Während bis hierhin noch am Inhalt gefeilt werden kann, sollten nun genügend Ergebnisse – spätestens jetzt auch eine ausgearbeitete Objektliste – vorliegen, so dass sich das Team ausschließlich um die Umsetzung kümmern kann. Solche klaren Meilensteine helfen daran zu denken, dass man sich nicht in einem Teil der Arbeit zu lange aufhält und so den später folgenden vernachlässigt.

Den Höhepunkt und Fluchtpunkt der Arbeit bildet sicher die Ausstellungseröffnung. Bis dahin haben alle Aufgaben erledigt zu sein, und alles muss an seinem Platz stehen. Die Vernissage selbst ist ebenfalls ein wichtiges Projektelement, das es von den Einladungen über das Programm mit Grußwort, Einführung und eventuellen ergänzenden Performances bis hin zum Catering zu organisieren und koordinieren gilt. Und auch im Anschluss ist die Sache noch nicht getan, sondern das Projekt tritt mit dem Ausstellungsverlauf in die letzte Phase ein. Feh-

ler, die in der Hektik der Vorbereitung gemacht wurden, können jetzt noch korrigiert werden, der Eintritt samt Zählung der Besucherzahlen, die Aufsichten, die Führungen müssen funktionieren, das Begleitprogramm will koordiniert sein, die Öffentlichkeit muss weiterhin direkt oder via Massenmedien angesprochen werden und der Abbau muss zügig und ohne Schäden über die Bühne gehen. All dies zu organisieren und durchzuführen, liegt in der Hand des Ausstellungsteams.
Schließlich ist es sinnvoll, die Ausstellung nicht nur abzuwickeln, sondern abschließend alles Getane zu evaluieren, um für zukünftige Projekte zu lernen. Was war, im Licht der ursprünglichen Zielformulierungen, erfolgreich und was nicht? Um diese Fragen zweckmäßig zu beantworten, müssen alle Arbeitsschritte schriftlich abgelegt sein. Mit diesem Material verfasst der Projektleiter eine Dokumentation der Ausstellung, die als internes Papier eine reflektierende Zusammenfassung und einen Schlusspunkt bildet, die nach außen den Projektpartnern, den Förderern, dem Museumsträger usw. Rechenschaft ablegt und die als archivalische Akte zukünftige Interessenten über das Projekt informiert. Entsprechend ist in ihr alles Wesentliche verzeichnet, ein Kurzkonzept, die Mitarbeiter, Ort und Zeit, die Besucherstatistik, eine repräsentative Auswahl an Besucherreaktionen, die quantitative und inhaltliche Presseresonanz, die einzelnen Punkte des Begleitprogramms samt deren Erfolge, einige aussagekräftige Bilder und ein bewertendes Fazit.

Und zu allerletzt sollten die Ausstellungsmacher noch einmal an sich selbst denken und auch die Teamentwicklung zu einem Abschluss führen: Sie richten eine interne Veranstaltung aus, auf der sie ihre Erfolge feiern und über die Misserfolge diskutieren können. Denn nach der Ausstellung ist vor der Ausstellung.

GRUNDLEGENDE/WEITERFÜHRENDE LITERATUR

Alder, Barbara u. Barbara den Brok: Die perfekte Ausstellung. Ein Praxisleitfaden zum Projektmanagement von Ausstellungen, Bielefeld 2012

John, Hartmut (Hg.): »Vergleichen lohnt sich!« Benchmarking als effektives Instrument des Museumsmanagements, Bielefeld 2003

Riebe, Heike: Benchmarking im Museum. Ein Managementinstrument zur Qualitätssicherung (= Berliner Schriften zur Museumsforschung 23), Berlin 2007

Waldemer, Georg: Check-Listen zu Konzept und Organisation von Sonderausstellungen, in: Lust und Leid. Ausstellungen im Museum, München 1995, S. 69–72

Weinhold, Kathrein: Selbstmanagement im Kunstbetrieb. Handbuch für Kunstschaffende, Bielefeld 2005

FINANZIERUNG

7. FINANZIERUNG

Die stabile Finanzierung des Projekts ist aus mehreren Gründen eine enorm wichtige Aufgabe. Dennoch vernachlässigen sie viele Ausstellungsmacher, weil sie die Planung und Koordination von Finanzen nie gelernt haben. Dabei ist es gar nicht so schwer, die Kosten und Gewinne einer Ausstellung zu ermitteln und zu kontrollieren. Doch sollten bereits in der Projektvorplanung wichtige Fragen geklärt werden:

→ Welche Finanzierungsform erfordert die Ausstellung?
→ Wie kommt man zu Geld?
→ Wie verteilt man die Einnahmen und kontrolliert die Ausgaben?

Grundsätzlich gibt es folgende drei Basisformen der Finanzierung:

→ Die Ausstellungkosten dürfen das vorgegebene Budget übersteigen – das Team genießt finanzielle Narrenfreiheit.

→ Die Ausstellung muss sich annähernd selbst tragen, also nicht sehr viel mehr Ausgaben produzieren, als sie Einnahmen erzielt.

→ Die Ausstellung muss einen Überschuss generieren – das Projekt wird zu einem gewinnorientierten Unternehmen.

Meist muss eine Ausstellung keine finanziellen Überschüsse generieren. Es reicht, wenn sie wenig oder gar kein Minus im Haushalt des Museums hinterlässt. Deshalb gilt die Konzentration nun der zweiten Variante, dem Non-Profit-Unternehmen. Damit die Einnahmen die Ausgaben kompensieren, sollte bereits zum Projektstart klar sein, was finanziellen Aufwand beschert. Eine Übersicht, die aus erfahrungsbedingten Richtwerten zusammengestellt ist, hilft, die anfallenden Kosten zu verwalten:

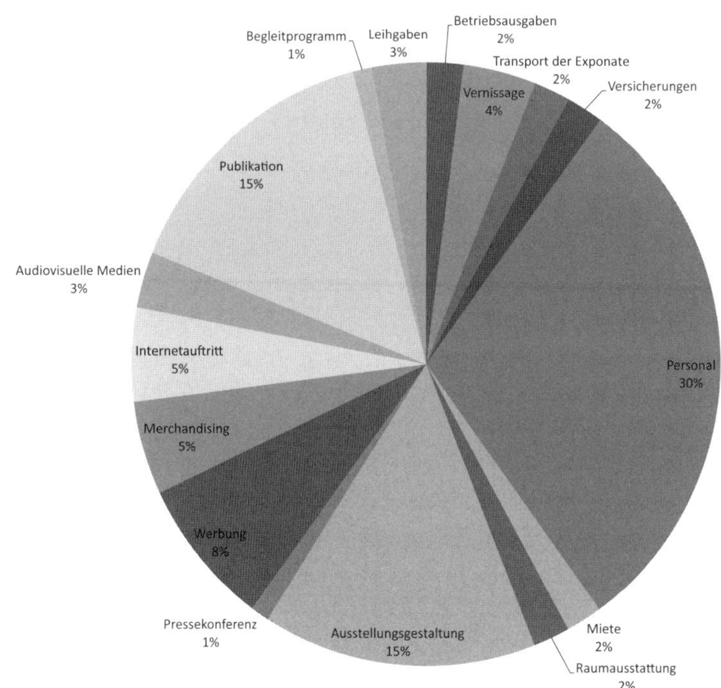

Mit dieser Liste potentieller Ausgaben macht sich die Arbeitsgruppe Finanzierung an die einzelnen Posten und handelt detailliert ab, welche Summen in welchem Bereich anfallen. Den Finanzbedarf kann man ermitteln, indem man unverbindlich Angebote für einzelne Dienstleistungen und Produkte von Agenturen, Handwerksbetrieben oder anderen Dienstleistern einholt und indem man „Benchmarking" betreibt, also vorangegangene eigene oder fremde Projekte zum Vergleich heranzieht. Auf diesem Weg entsteht ein Überblick über die Kosten in den jeweiligen Aufgabengebieten und durch deren Verschriftlichung ein Ausgabenplan, der die Budgets der einzelnen Tätigkeiten und Schwerpunkte sowie das benötigte Gesamtbudget des Projekts verzeichnet. Um das zu decken, gibt der Museumsträger in der Regel einen Etat frei und erwartet, dass sich das Projekt im dadurch vorgegebenen Rahmen bewegt. Sollte das Grundbudget zu niedrig sein, um alle Aufgaben durchzuführen, dann muss das Team entweder einige nicht notwendige Posten streichen und damit den Projektumfang verkleinern, oder es muss seine Einnahmen durch Drittmittel erhöhen.

I. WIE KOMMT MAN ZU GELD?

Eine Ausstellung hat einige typische Möglichkeiten, Geld in die Haushaltskasse zu spülen: Eintrittsgelder, Führungen, Sponsoring, Spenden, Katalogverkäufe und Merchandising. Das Team legt fest, wie hoch der Eintritt für Erwachsene, Kinder, Studenten, Rentner, Behinderte und Vereinsmitglieder sein soll. Als besonderen Anreiz führt es einen Familientarif ein. Eine Familie mit zwei Erwachsenen und einem Kind sollte dabei schon ein wenig gegenüber dem Einzelpreis sparen. Ein Beispiel: Erwachsene zahlen 6,- €, Kinder zahlen 3,- €, dann wird die Familienkarte auf 14,- € gesetzt. So spart bereits eine kleine Familie, eine große hat sogar noch einen größeren Anreiz mit beiden Elternteilen und allen Kindern in die Ausstellung zu gehen – und die Besucherzahlen steigen. Führungen sind ebenfalls einzuplanen, weil viele Besucher für das Angebot einer solchen zusätzlichen Lernmöglichkeit zu zahlen bereit sind.

Dabei müssen die Zuständigen neben der Einigung auf einen Preis im Realisierungsstadium auch organisatorische Vorkehrungen treffen: Wer führt wann? Wie viel darf die Führung kosten? Bei einer kleinen Ausstellung genügen zwei Besucherführer, die im Wechsel bereitstehen. Wenn ein Termin vorgegeben sein soll, scheint der Sonntagnachmittag ideal, weil da die Nachfrage erfahrungsgemäß am größten ist. Darüber hinaus sollten Gruppen die Möglichkeit haben, die Führung jederzeit buchen zu können. Selbstverständlich muss die Öffentlichkeitsarbeit dieses Angebot auch kommunizieren, es auf der Webseite anpreisen sowie an viele Tageszeitungen und Veranstaltungskalender schicken.

Reichen die Einnahmen aus Hausetat, Eintritt und Führungen nicht aus, um die gesamte Ausstellung zu finanzieren, dann geht kein Weg an der Suche nach geeigneten Partnern für die Ausstellung vorbei. Gelder kann das Team beantragen von staatlichen Fördereinrichtungen, von Stiftungen, deren Förderprofil dem Vorhaben oder dem Museum entspricht, und von Unternehmen, mit denen sich eine strukturelle oder inhaltliche Verbindung aufbauen lässt oder die dieselbe Zielgruppe haben. Es gibt wichtige Gründe, warum ein kommerzieller Betrieb Interesse daran hat, Ausstellungsprojekte zu finanzieren:

Die Unterstützung

- → ergänzt klassische Werbemaßnahmen,
- → steigert den Bekanntheitsgrad,
- → ermöglicht die Ansprache interessanter Zielgruppen,
- → verbessert das Unternehmensimage,
- → demonstriert gesellschaftliches Engagement und Verantwortung,
- → stärkt die Unternehmenskultur,
- → verbessert die Mitarbeiteridentifikation mit dem Unternehmen,
- → erhöht die Motivation der Mitarbeiter.

TIPP

Staatliche Förderung erfolgt gewöhnlich über die Landesstellen für Museumsbetreuung, die neben finanzieller Unterstützung auch ein breites Serviceangebot für unterschiedliche museale Vorhaben bereitstellen (für Bayern etwa http://www.museen-in-bayern.de/landesstelle/index.htm, für Westfalen http://www.lwl.org/LWL/Kultur/Museumsamt). Außerdem unterstützen auch die einschlägigen Forschungsförderer wie Deutsche Forschungsgemeinschaft oder die Stiftung Volkswagenwerk hin und wieder Ausstellungsprojekte. Einen Überblick über einen Großteil bundesrepublikanischer Stiftungen liefert die Webseite des Stifterverbandes für die Deutsche Wissenschaft (http://www.stifterverband.info/stiftungen_und_stifter/stiftungen_suche/index.html). Die dort angebotene Datenbank hilft Ihnen, Förderer zu finden, die Ihrem Profil entsprechen.

Für das sogenannte Fundraising muss klar sein, wer wen um Geld bittet und in welcher Form dies geschieht. Sind Sponsoren gefragt, die eine aktive Gegenleistung fordern, oder Spender, die nicht mehr als eine Nennung inklusive Logo als Gegenleistung erwarten? Daraus ergeben sich auch steuerrechtliche Unterschiede.

Sponsoring ist ein Geschäft, das auf gegenseitigen Leistungen beruht. Der Sponsor stellt dem Gesponserten Fördermittel (Geld, Sach- oder Dienstleistungen) nur bereit, um im Gegenzug die Öffentlichkeitsarbeit der Kultureinrichtung für seine Werbezwecke zu nutzen. Das heißt, dem Sponsor muss vermittelt werden, wo er erscheinen wird: In der Ausstellung selbst, in den Publikationen, in der Bewerbung der Ausstellung. Abmachungen mit Finanziers sind bindend. Für den Sponsor sind diese Mittel im Regelfall als Betriebsausgaben steuerlich absetzbar. Bei einer Spende hingegen erhält das Unternehmen keine konkrete Gegenleistung, sondern es fördert gemeinnützige Zwecke (Kunst und Kultur).

Trotzdem ist der Spender wohl darauf erpicht, Teil der Öffentlichkeitsarbeit zu werden. Dem Spender darf und sollte auf der Ausstellungseröffnung gedankt und ihm die Möglichkeit geben werden, sein Unternehmen oder seine Stiftung vorzustellen. Darüber hinaus muss das Team ihm anbieten, dass sein Logo auf allen Druckmedien, in der Ausstellung selbst und auf der Webseite auftaucht – allerdings ohne Verlinkung, weil das Projekt dadurch zum aktiven Werbeträger des Unternehmens würde und die Einnahmen zu versteuern wären!

Spender lassen sich auf sehr vielen Wegen ansprechen, sei es im persönlichen Gespräch, sei es über E-Mail plus Telefonkontakt, sei es über ein Anschreiben inklusive Broschüre, Antwortformular und Überweisungsträger, sei es über eine Spenden-Gala oder eine Mitgliederaktion. Es ist wichtig, sich in die Lage des potentiellen Partners zu versetzen, um seine Möglichkeiten und Interessen zu erkennen. Will er lokal in Erscheinung treten? Will er sich mit den Inhalten identifizieren? Oder möchte er gerne die Zielgruppe des Projekts ansprechen? Derartige Verbindungen sollte der Förderer explizit erfahren. Darüber hinaus lassen sich Mittel leichter einwerben, wenn man den potentiellen Finanziers etwas Konkretes anbieten kann, seien es erste PR-Erfolge (Berichte über das Projekt) oder Angebote zur Förderung ganz bestimmter Teile des Projekts (Druckkosten, Ankauf eines Kunstwerks). Dadurch können sich die Adressaten mehr unter der Anfrage vorstellen, als wenn sie nur mit dem doch sehr abstrakten Konzept des Projekts konfrontiert werden. Eine Datenbank der potentiellen Spender, priorisiert nach Förderwahrscheinlichkeit, strukturiert diese Tätigkeit. Wichtig ist auch, mögliche Überschneidungen der Geschäftsfelder der Spender zu vermeiden, sich also nicht von zwei direkten Konkurrenten fördern zu lassen. Das wird diesen sicher nicht gefallen. Wie auf den potentiellen Geldgeber zuzugehen ist, dafür gibt es kein Patentrezept. Ein telefonisches „Vorfühlen" scheint jedoch eine gute

Möglichkeit zu sein. Die Arbeitsgruppe findet zunächst heraus, wer im Unternehmen für die Kooperation mit Kulturprojekten zuständig ist. Die Telefonakquise erspart auch das unnötige Versenden von Briefen. Ist der Erstkontakt hergestellt worden oder hat man den richtigen Ansprechpartner ausfindig gemacht, ist es ratsam das Anliegen schriftlich vorzulegen. Möchte man damit Erfolg haben, muss man auf emotionalem und rationalem Weg den Wunsch der Entscheidungsträger wecken, das Projekt zu unterstützen. Sie wollen begeistert und überzeugt werden. Deshalb ist eine zur Ausstellung passende und kreative Art des Präsentierens zu wählen. Im besten Falle erhält man schon beim Erstkontakt das Interesse des potentiellen Förderers, und er wird darüber nachdenken, ob und wie er das Projekt unterstützen möchte. Von der Seite des Teams muss also jemand nach dem Absenden des Schreibens am Ball bleiben und den potentiellen Partner nochmals kontaktieren.

Sollte er den Wunsch äußern, etwas beizutragen, vereinbaren beide Seiten eine konkrete Summe und einen Zeitpunkt der Überweisung. Besonders der zweite Punkt ist wichtig. Weil das Team von Anfang an Ausgaben hat, muss es sich darum kümmern, dass auch frühzeitig Einnahmen generiert werden. Kommt der „Cash-Flow“ durcheinander, kann das Projekt wegen Zahlungsunfähigkeit scheitern, obwohl noch eine gute Summe Geld in Aussicht steht. Die Arbeitsgruppe sollte daher versuchen, dem Sponsor klare Aussagen zu entlocken, wann er den vereinbarten Betrag überweist, und ihm die Situation des Geldbedarfs mitteilen. Unternehmer werden für diese Problematik durchaus Verständnis zeigen. Falls der potentielle Sponsor jedoch noch Fragen hat, die nicht in zwei Minuten zu beantworten sind, kann man dies in einem persönlichen Treffen besprechen. Dies wird das gegenseitige Vertrauen intensivieren.

Das Fundraising besteht nicht nur aus der Akquise. Auch wenn eine Zusage vorliegt, müssen zuständige Teammitglieder den Förderer weiterhin betreuen und ihn ständig über aktuelle Ereignisse informieren. Er ist an dem Ausstellungsprojekt interessiert und möchte über Veranstaltungen, Werbeaktionen und über das Fortkommen des Projekts Bescheid wissen. Er ist als Projektpartner und gleichzeitig wichtiger Teil der Zielgruppe zu betrachten, weshalb alle beteiligten Personen auch in die Adressdatei aufgenommen und zur Eröffnungsfeier eingeladen werden.

II. WIE VERTEILT MAN DIE EINNAHMEN UND KONTROLLIERT DIE AUSGABEN?

Der Projektleiter und die Bearbeiter verfassen früh in der Konzeptionsphase einen Finanzplan, der die zu erwartenden Ausgaben und die in Aussicht stehenden Einnahmen auflistet. Allerdings ist alles, was bis dahin in den Finanzplan aufgenommen ist, ein SOLL-Wert. Ab jetzt beginnt die Realisierung der Pläne, die Kontrolle der tatsächlichen Ausgaben und Einnahmen anhand der Vorgaben. Konkret erhält jede Tätigkeit nach der Vorgabe des Plans Geld, und der Manager führt Buch, wie dies ausgegeben wird. Bevor Geld in die Hand genommen wird, vergleicht der Zuständige immer mehrere Angebote mit denselben Dienstleistungspositionen. Der Vergleich von drei Druckereien lässt zum Beispiel klar erkennen, wie sehr die Druckkosten von Prospekten, Plakaten und Publikation ins Budget schlagen und was auf der anderen Seite der Bilanz dafür zu erwirtschaften ist. Jeder einzelne Posten lässt sich überblicken und preislich verändern, indem man etwa an Stückmenge oder Qualität spart. Eine Tabelle der Anschaffungen mit SOLL-Posten, IST-Posten und „erledigt" hilft während der Realisierung bei der Übersicht.

EINBLICK IN DIE PRAXIS

So kann eine Ausgabenliste einer kleinen Ausstellung aussehen:

AUSGABEN

SOLL

	Prozent	Euro
Betriebsausgaben	3	450
Vernissage	3	450
Transport der Exponate	0	0
Versicherungen	0	0
Personal	30	4500
Miete	0	0
Raumausstattung	3	450
Ausstellungsgestaltung	17	2550
Pressekonferenz	1	150
Werbung	13	1950
Merchandising	3	450
Internetauftritt	2	300
Audiovisuelle Medien	4	600
Publikation	20	3000
Begleitprogramm	1	150
Leihgaben	0	0
Summe	100	15000

AUSGABEN

IST

	Prozent	Euro
Betriebsausgaben	3	450
Vernissage	3	450
Transport der Exponate	0	0
Versicherungen	0	0
Personal	30	4500
Miete	0	0
Raumausstattung	3	450
Ausstellungsgestaltung	17	2550
Pressekonferenz	1	150
Werbung	13	1950
Merchandising	3	450
Internetauftritt	2	300
Audiovisuelle Medien	4	600
Publikation	20	3000
Begleitprogramm	1	150
Leihgaben	0	0
Summe	100	15000

Zu erkennen sind die großen Posten wie Publikation, Ausstellungsgestaltung und Personal. Lässt sich hier etwas einsparen, dann hätten viele kleinere Ausgabenfelder eine Chance, realisiert zu werden. Gerade vor der Produktion eines Katalogs schrecken viele Ausstellungsmacher zurück, weil sie eine sehr kostenintensive, aber nicht notwendige Tätigkeit ist. Das fertige Buch ist zwar auch ein Einnahmeposten, der Gewinn des Buchverkaufs deckt jedoch in der Regel bei weitem nicht die Herstellungskosten. Eventuell lässt sich alternativ auf teure Leihgaben oder auf kostenintensive Gestaltungsmaterialien verzichten. Sparpotentiale ergeben sich etwa durch Übernahme gebrauchter Vitrinen, die viele Museen bereit sind, gegen eine geringe Gebühr oder sogar kostenfrei abzugeben, und weiter, wenn der Internetauftritt an ein bereits bestehendes System angebunden wird oder für die technische Ausstattung des Ausstellungsraums nichts zu zahlen ist. Museen mit festen Ausstellungsräumen betrifft dies nicht, flexible Ausstellungsmacher können sich jedoch bei Stadt und Gemeinde oder in den örtlichen Schulen erkundigen und nach ausreichenden Raumkapazitäten fragen. Eventuell eröffnet dieser Schritt auch eine inhaltliche Kooperation.

Es gibt aber nicht nur Einsparpotenziale, sondern auch sinnvolle Mehr-Investitionen. Die Ausstellung kann beispielsweise stärker als hier vorgesehen beworben werden, wodurch sich die Kosten für Werbung erhöhen, die Besucherzahlen aber steigen. Die konzeptionelle Schwerpunktsetzung, der Finanzplan und die Kontrolle des Geldflusses müssen also Hand in Hand gehen. Ob das Projekt auch in finanzieller Hinsicht ein Erfolg war, sagt mit Gewissheit erst eine abschließende Bilanz der Einnahmen und Ausgaben.

GRUNDLEGENDE/WEITERFÜHRENDE LITERATUR

Schneidewind, Petra: Betriebswirtschaft für das Kulturmanagement. Ein Handbuch, Bielefeld 2006

Dingenotto, Christian: Cultural Business – Kultur mit Gewinn. Ein Anwenderbuch, Norderstedt 2007

EINBLICK IN DIE PRAXIS

So kann die Bilanz einer kleinen Ausstellung aussehen:

Einnahmenart				
Posten	Summe	Summe USt	Betrag	USt
Sponsoring	**2.000,00 €**	**380,00 €**		
Sponsor 1			2.000,00 €	380,00 €
Spenden	**7.250,00 €**	**0,00 €**		
Spender 1			500,00 €	0,00 €
Spender 2			1.000,00 €	0,00 €
Spender 3			500,00 €	0,00 €
Spender 4			250,00 €	0,00 €
Spender 5			1.000,00 €	0,00 €
Spender 6			2.000,00 €	0,00 €
Spender 7			2.000,00 €	0,00 €
Katalogverkauf	**3.538,40 €**	**0,00 €**		
T-Shirt-Verkauf	**273,00 €**	**0,00 €**		
Poster-Verkauf	**220,00 €**	**0,00 €**		
SUMME EINNAHMEN	**13.281,40 €**	**380,00 €**		

Ausgabenart				
Posten	Summe	Summe USt	Betrag	USt
Ausstellungsgestaltung	**2.815,00 €**	**499,75 €**		
Miete Schleifgerät (?)			61,88 €	0,00 €
Material für Vitrinen (Lack etc.)			90,24 €	0,00 €
Material für Vitrinen (Elektrik etc.)			145,80 €	27,70 €
Material für Vitrinen (Elektrik etc.)			106,90 €	20,31 €
Material für Vitrinen (Elektrik etc.)			48,57 €	9,23 €
Vitrinenbeleuchtung			450,00 €	85,50 €
LCD-Monitore inkl. Videoplayer			414,04 €	78,67 €
Zubehör Monitore			46,18 €	8,77 €
Vitrinenmontage			699,80 €	132,96 €
Druck Ausstellungstafeln			700,00 €	133,00 €
Textile Fertigung für Vitrinen			51,59 €	3,61 €
Katalogpublikation	**4.207,00 €**	**735,49 €**		
Fotoarbeiten			336,00 €	0,00 €
Druck			3.871,00 €	735,49 €
Merchandisingartikel	**399,50 €**	**75,91 €**		
T-Shirts			399,50 €	75,91 €
Vernissage	**768,48 €**	**97,29 €**		
Wein			425,86 €	80,91 €
Häppchen			217,62 €	16,38 €
Programm			125,00 €	0,00 €
Presse-/Öffentlichkeitsarbeit	**1.839,73 €**	**213,58 €**		
Erstellung Internetauftritt			480,00 €	0,00 €
Anzeige 1			380,00 €	72,20 €
Anzeige 2			89,40 €	16,99 €
Fotoarbeiten (Dokum. Vernissage)			126,00 €	0,00 €
Miete Großwerbeflächen			38,00 €	0,00 €
Plakate A3			62,46 €	11,87 €
Druck Banner			219,01 €	41,61 €
Folder Ausstellung + Einladungskarten			373,20 €	70,91 €
Pressemappen			9,60 €	0,00 €
Serienbrief/Kuvertierung Druckerei			62,06 €	0,00 €
Druckkosten Sponsorenfolder			448,84 €	85,28 €
Sonstiges			30,60 €	0,88 €
Verpflegung Personal Vitrinen			12,60 €	0,88 €
Parkgebühren Ausst.aufbau			18,00 €	0,00 €
SUMME AUSGABEN	**10.509,15 €**	**1.708,18 €**		
Brutto:	12.217,33 €			
SUMME EINNAHMEN (Übertrag):	13.281,40 €			
GESAMT (ÜBERSCHUSS):	**1.064,07 €**			

Vorgefunden – vorgestellt

Seit Oktober 2006 befindet sich das Museum der Universität im Aufbau. Während der Sichtung der Sammlungsbestände an bekannten und abgelegenen Orten der Universität, tauchen immer wieder Objekte auf, die lange nicht angesehen, zufällig aufbewahrt oder nur wenig bekannt sind. Dinge, die den Sammlungsleitern und den Mitarbeitern des Museums besonders aufgefallen sind, werden in dieser Serie vorgestellt.

„Deutsche Zentrale für Kriegslieferungen von Tabakfabrikaten" steht auf der Oberseite der Münzpappe. Mit haltbarem Zwirn wurden zehn Münzen auf dem dicken Zigarrendeckel aufgenäht, von denen – wie unschwer am losen Faden zu erkennen – noch neun erhalten geblieben sind.

Handschriftliche Bleistiftnotizen geben Auskunft über die Bezeichnung der Münzen, ihren Herkunftsort und den Preis. Das Objekt wurde 2003 von Dr. Lutz Ilisch in einem Münzkabinett in Köln für die Sammlungen der islamischen Numismatik erworben. Nicht so sehr der Wert der Münzen stand dabei im Vordergrund – handelt es sich hierbei doch um ein buntes Gemisch anatolischer Münzen – als vielmehr die kuriose Aufbewahrungsmethode eines deutschen Soldaten.

Dabei ist in dem Pappdeckel der Zigarrenkiste nicht nur die mangels anderer Alternativen sichernde Grundlage für einen numismatisch interessierten Sammler zu sehen. Das provisorische Arrangement der kleinen Münzen deutet zugleich auf eine wenn auch bescheidene Präsentationsfunktion hin. Insgesamt muss es nachweislich sechs solcher postkartengroßen Münzordnungen gegeben haben, die der namentlich Unbekannte aus dem Ersten Weltkrieg nach Deutschland sendete.

Aufgrund der erhaltenen provisorischen Münzbewahrung kann man schlussfolgern, dass die Münzen zwar nach Köln gelangt sind, der junge Münzsammler jedoch nicht mehr.

Frank Dürr

Die provisorische Münz

NEU AN DER UNI

Profis

Spitzenreiter und Schlusslichter (Teil 1):

TÜBINGEN (an). Das neuste CHE-Hochschulran die Tübinger Germanistik zum unangefochtenen ter in Deutschland. In allen Studiengängen und erhielt das Fach die Bestnote. Ebenso die Geschi schaften, die zusammen mit Freiburg das Spitz den. Heute werfen wir einen Blick auf diese beid fächer. In der nächsten AUDIMAX-Ausgabe bele die Studiensituation in zwei Fächern, die sch schnitten: Medizin und Psychologie.

Bei den Germanisten knallten ver- ist fast schon ein M

ÖFFENTLICHKEITSARBEIT

)ie Zigarrenkiste als Münzpapp

aus dem Jahr 1916, im Original zehn mal 14 Zentimeter groß, wurde in der Sammlung der Islamischen Numismat

e Profilierungs-Zwang

usten Hochschul-Ranking bekommen Germanisten und Historike

Germanistik					
Forschungsreputation					
Promotionen pro Professor					
Bibliotheksausstattung					
Betreuung					
Studiensituation insg.					
Uni Bamberg	●	●		●	
FU Berlin			●	●	●

Geschichte					
Forschungsreputation					
Forschungsgelder					
Bibliotheksausstattung					
Betreuung					
Studiensituation insg.					
Uni Freiburg	●	●	●	●	●
Uni Heidelberg	●		●		

ter zulassen. Ein w
in Tübingen ist d
Breite des Fachs, d
rika bis Osteuropa
Dass Rankings d
kung haben, zeigt d
binger Historiker.
seit Jahren schon se
sehr viele Geschich
Tübingen geführt,
vom Dekanat Ges
Bei den Historiker
zum vergangenen

8. ÖFFENTLICHKEITSARBEIT

Eine Ausstellung muss, wie jedes Kulturereignis, in die Öffentlichkeit gebracht werden. Das geht zum einen über die kostengünstige Variante der Pressearbeit oder über die kostenintensive Werbung. Auf keine der beiden Arten kann das Projekt verzichten, denn ohne eine erfolgreiche Öffentlichkeitsarbeit gibt es keine Besucher. Die zuständigen Teammitglieder müssen somit Kommunikationsbeziehungen aufbauen und aufrechterhalten, Journalistenkontakte pflegen und mit anderen Einrichtungen kooperieren. Egal welcher Kommunikationskanal bedient wird, seien es Social Media, Broschüren, Webseiten, Fernsehwerbung, Blogs, Pressemitteilungen, Messeauftritte, Plakate oder persönliche Kontakte, die ausgesandten Botschaften schüren Erwartungen der Zielgruppen und der Pressevertreter. Die Öffentlichkeit manifestiert Meinungen und soziale Bindung auf der Adressatenseite. Weil dieser Prozess hochkomplex und dynamisch ist, darf die Imagebildung nicht nur kurzfristig angelegt sein, sondern sollte in langfristige strategische Überlegungen eingebunden werden. Das Team entscheidet, was in die Öffentlichkeit getragen wird, kann jedoch nur bedingt beeinflussen, was die Öffentlichkeit denkt. Deshalb ist das Image nie nur ein Abbild der gedachten Identität der Ausstellungsmacher, sondern es entwickelt sich im Wechselspiel mit der Imagination der potentiellen Besucher.

Wenn das Team mit seinem Produkt, der Ausstellung, ihren Inhalten und Begleitveranstaltungen, auf den Kulturmarkt tritt, kommuniziert es mit Interessenten und (potentiellen) Besuchern direkt oder über den Umweg der Massenmedien. Diese tragen die Inhalte sozusagen in die

Welt hinaus und können dem Projekt über den Marketingeffekt hinaus von Nutzen sein. Wenn nämlich Medienanstalten über die Ausstellung berichten, dann erfahren auch Interessierte, die sie aus irgendwelchen Gründen nicht besuchen können, vom behandelten Thema. Indem sie sich von den diskutierten Thesen anregen lassen, vielleicht sogar den Katalog nach Hause bestellen und sich darin weiter informieren, kommt das Team seinem Bildungsauftrag über den ortsgebundenen Besuch hinaus nach. Die Öffentlichkeitsarbeit stellt dann einen Eigenwert innerhalb des Projekts dar.

Zunächst ist zu überlegen, wen die Ausstellung interessieren könnte. Wer soll als Zielgruppe angesprochen werden? Wo befinden sich diese Zielgruppen? Wie sind sie zu erreichen? Welche der 113 Millionen Museumsbesucher pro Jahr in Deutschland wollen die Ausstellung sehen? Welches Alter haben die Besucher? Woher kommen sie? Was lesen/sehen/hören sie? Um all diese Fragen zu klären und die Botschaften anschließend effektiv zu vermitteln, erfordert die Öffentlichkeitsarbeit zeitlichen und finanziellen Aufwand. Auf eine Formel gebracht, besteht die Arbeit aus dem populären AIDA-Prinzip: Zuerst muss Aufmerksamkeit erregt (Attention), dann das Interesse der potentiellen Besucher geweckt werden (Interest), so dass in ihnen der Wunsch entsteht, die Ausstellung zu besuchen (Desire). Doch erst wenn sie dies tatsächlich tun (Action), ist die Kommunikation erfolgreich. Es erfordert Arbeit, Kenntnisse der Inhalte und Überzeugung von deren Qualität, um andere über eine unbekannte Sache zu informieren und dann zu einer gewünschten Handlung zu führen.

Ausstellungsbesucher sind keine homogene Bevölkerungsschicht. Um sie zu erreichen, muss die Ansprache auf die Zielgruppe abgestimmt sein. Ihre Interessen und Konsumgewohnheiten geben die Auswahl der

Medien und die Form des Marketings vor. Inhaltlich sollen alle Kommunikationswerkzeuge einer übergreifenden konzeptionellen Überlegung folgen. Es bedarf also einer Kommunikationsstrategie als Grundlage für einzelne konkrete Aktionen. Konzeptionelle Arbeit beginnt immer mit der Analyse des IST-Zustands: Wie hat das Museum, an dem das Projekt angesiedelt ist, bisher kommuniziert? Welche Kanäle hat es benutzt, hat es vielleicht bereits eine Datenbank mit Journalistenkontakten? Was vom bisherigen Vorgehen war erfolgreich, was nicht? Wenn es sich um ein freies, nicht an einem etablierten Museum angesiedeltes Projekt handelt, hat vielleicht ein Mitarbeiter schon Erfahrungen in vergleichbaren Situationen gesammelt. Das Wissen über bisherige interne und externe Kommunikationsstrukturen bildet den Grundstein für die Planung und Entwicklung neuer Maßnahmen. Darauf baut der SOLL-Zustand auf: Wie viele Besucher, wie viele Pressevertreter möchte das Team ansprechen? Was ist die relevante Dialoggruppe? Welche Kommunikationsziele setzt sie sich über den eigenen Schwerpunkt hinaus? Beispiele sind, das Image des eigenen Hauses zu verbessern oder über die Ausstellung auf ein gesellschaftlich relevantes Thema aufmerksam zu machen. Dann geht es an die planerische Umsetzung. Diese erfordert keinen unermesslichen intellektuellen Aufwand und keine maßlose Weltgewandtheit. Wichtiger sind Scharfsinn für Auffälliges, Verständnis für Anschaulichkeit, Sorgfalt, Handlungsschnelligkeit und Kontaktfreude. In einem ersten Schritt werden unter der Berücksichtigung der Zielgruppen die Kommunikationsinhalte festgelegt:

→Wie lautet der Titel der Ausstellung?
→ Was wird thematisch vermittelt?
→ Wann und wo findet die Ausstellung statt?
→ Wer macht die Ausstellung?
→ Wie viel kostet der Eintritt?

Aus diesen Basisinformationen entsteht eine Art strategische Skizze, wie die Punkte zu vermitteln sind. Um der Aufgabe gerecht zu werden, wird diese Tätigkeit am besten in kleinere Schritte untergliedert:

BRAINSTORMING

Überlegung zum Kommunikationsgegenstand und zur Wahl der Überzeugungsmittel.

STORY FINDEN

Welche Lebensbereiche der Zielgruppen berührt die Ausstellung?

GLIEDERUNG

Die Story unterteilen in Einführung (Aufmerksamkeit erregen, Interesse wecken, Wohlwollen hervorrufen) und Abhandlung des Themas (Kürze, Deutlichkeit und Klarheit), dabei klare Argumente und Außergewöhnlichkeiten betonen (Glaubwürdigkeit beachten).

AUSFÜHRUNG

Welche Kanäle sollen bedient werden? Welcher Sprachstil und welcher grafische Stil sind angemessen?

MEDIALE UMSETZUNG

In welchen Medien soll das Projekt erscheinen? Wer erstellt die Kommunikationsmedien?

AKTION

Wer hängt Plakate auf? Wer kümmert sich um Journalistenkontakte, die Pressekonferenz und um die Werbung?

I. WERBUNG

Nachdem den Bearbeitern des Schwerpunkts ein Werbebudget zugeteilt worden ist, verteilen die Öffentlichkeitsarbeiter die Posten innerhalb ihres Schwerpunkts und legen auf dieser Basis ihre Werbemittel fest:

→ Broschüre
→ Flyer
→ Einladungskarten
→ Plakate
→ Großwerbeflächen
→ Zeitungsannoncen
→ Radiospots
→ Kinowerbung
→ TV-Werbung

Die Werbekosten klar auf ein Medium festzulegen, fällt nicht leicht, doch lassen sich Anzeigen in großen Zeitschriften und TV-Werbung für den Geldbeutel eines kleinen Museums oftmals ausklammern. Hingegen ist die Kino- und Radiowerbung gar nicht so kostenintensiv, erfordert jedoch eine mediale Vorarbeit (Film- und Tonaufnahmen). In jedem Fall entwerfen die Bearbeiter gemeinsam mit den Gestaltern einige Druckmedien, die anschaulich und attraktiv auf das Produkt aufmerksam machen. Allein mit der Produktion ist es jedoch nicht getan, das Team muss auch entscheiden, wo, wie und wann man etwa Annoncen schalten oder Flyer verteilen will. Man muss die Berechtigungen zum Hängen von Plakaten oder Aufstellen von Bannern im öffentlichen Raum in der Regel bei der Stadtverwaltung einholen, und schließlich muss man die Pläne auch umsetzen, also plakatieren, den Flyer in der

Stadt auslegen oder direkt an die Passanten verteilen. Diese Tätigkeit reicht nicht nur bis zur Eröffnung, sondern erstreckt sich über den gesamten Ausstellungszeitraum. Jede Begleitveranstaltung bis hin zur Finissage eignet sich für eine Werbeoffensive. Die Ausstellungsdauer zu verlängern ist ein einfacher Trick, um noch einmal die Trommel zu rühren. Keine Angst davor, den Menschen lästig zu werden! Das Projekt befindet sich in einem Kampf um öffentliche Aufmerksamkeit mit unzähligen anderen Kultur- und Freizeiteinrichtungen. Ein Kontakt reicht nicht aus, um aus der Masse des Kulturmarkts herauszuragen und eine nennenswerte Zahl von Rezipienten des Werbedschungels auf sich aufmerksam zu machen. Damit Passanten eines Plakats zu Besuchern werden, müssen sie mehrmals mit den Botschaften in Berührung kommen. Erst dann werden sie diese überhaupt bewusst wahrnehmen.

II. PRESSEARBEIT

Am günstigsten und am erfolgreichsten, jedoch auch am aufwendigsten und unberechenbarsten ist die Pressearbeit. Sobald Journalisten das Ausstellungsthema und dadurch die Ausstellung positiv erwähnen, steigt das Image der Ausstellung, bilden sich Meinungen und wird das Vertrauen geschaffen, dass man den Ausstellungsbesuch nicht bereuen muss. Von den ersten Projektberichten an muss ein Grundrauschen in den Medien erzeugt werden, damit die Adressaten nicht erst zur Eröffnung erstmals von der Ausstellung hören. Denn in diesem Fall wäre die Wahrscheinlichkeit sehr hoch, dass diese eine Berichterstattung am Eröffnungstag nicht besonders großes Interesse weckt. Man muss wie in einem Drama einen Spannungsbogen der öffentlichen Wahrnehmung aufbauen. Schon mehrere Monate vor der Eröffnung ist die gezielte Erstinformation über ein Interview, in dem die aktuellen Pläne einfließen können, sehr hilfreich. Die Arbeitsgruppe kann sich eine Artikelreihe in der örtlichen Tageszeitung ausdenken (vgl. Abb. 35). Diese Präsentation mit meist bebilderten Einheiten kann auch während der Ausstellung fortgesetzt werden.

EINBLICK IN DIE PRAXIS

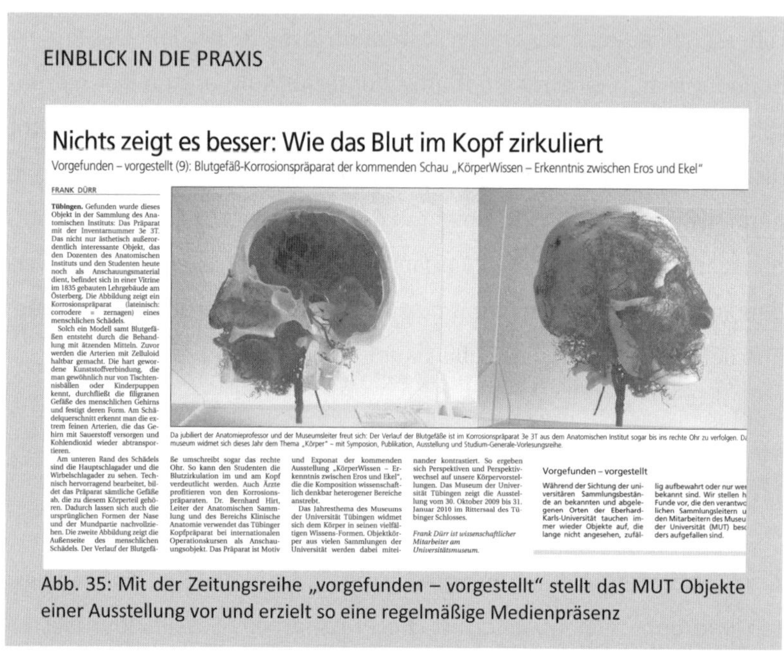

Nichts zeigt es besser: Wie das Blut im Kopf zirkuliert

Vorgefunden – vorgestellt (9): Blutgefäß-Korrosionspräparat der kommenden Schau „KörperWissen – Erkenntnis zwischen Eros und Ekel"

FRANK DÜRR

Tübingen. Gefunden wurde dieses Objekt in der Sammlung des Anatomischen Instituts: Das Präparat mit der Inventarnummer 3e 3T. Das nicht nur ästhetisch außerordentlich interessante Objekt, das den Dozenten des Anatomischen Instituts und den Studenten heute noch als Anschauungsmaterial dient, befindet sich in einer Vitrine im 1835 gebauten Lehrgebäude am Österberg. Die Abbildung zeigt ein Korrosionspräparat (lateinisch: corrodere = zernagen) eines menschlichen Schädels.

Solch ein Modell samt Blutgefäßen entsteht durch die Behandlung mit ätzenden Mitteln. Zuvor werden die Arterien mit Zelluloid haltbar gemacht. Die hart gewordene Kunststoffverbindung, die man gewöhnlich nur von Tischtennisbällen oder Kinderpuppen kennt, durchfließt die filigranen Gefäße des menschlichen Gehirns und festigt deren Form. Am Schädelquerschnitt erkennt man die extrem feinen Arterien, die das Gehirn mit Sauerstoff versorgen und Kohlendioxid wieder abtransportieren.

Am unteren Rand des Schädels sind die Hauptschlagader und die Wirbelschlagader zu sehen. Technisch hervorragend bearbeitet, bildet das Präparat sämtliche Gefäße ab, die zu diesem Körperteil gehören. Dadurch lassen sich auch die ursprünglichen Formen der Nase und der Mundpartie nachvollziehen. Die zweite Abbildung zeigt die Außenseite des menschlichen Schädels. Der Verlauf der Blutgefäße umschreibt sogar das rechte Ohr. So kann den Studenten die Blutzirkulation im und am Kopf verdeutlicht werden. Auch Ärzte profitieren von den Korrosionspräparaten. Dr. Bernhard Hirt, Leiter der Anatomischen Sammlung und des Bereichs Klinische Anatomie verwendet das Tübinger Kopfpräparat bei internationalen Operationskursen als Anschauungsobjekt. Das Präparat ist Motiv und Exponat der kommenden Ausstellung „KörperWissen – Erkenntnis zwischen Eros und Ekel", die die Komposition wissenschaftlich denkbar heterogener Bereiche anstrebt.

Das Jahresthema des Museums der Universität Tübingen widmet sich dem Körper in seinen vielfältigen Wissens-Formen. Objektkörper aus vielen Sammlungen der Universität werden dabei miteinander kontrastiert. So ergeben sich Perspektiven und Perspektivwechsel auf unsere Körpervorstellungen. Das Museum der Universität Tübingen zeigt die Ausstellung vom 30. Oktober 2009 bis 31. Januar 2010 im Rittersaal des Tübinger Schlosses.

Frank Dürr ist wissenschaftlicher Mitarbeiter am Universitätsmuseum.

Da jubiliert der Anatomieprofessor und der Museumsleiter freut sich: Der Verlauf der Blutgefäße ist im Korrosionspräparat 3e 3T aus dem Anatomischen Institut sogar bis ins rechte Ohr zu verfolgen. Da museum widmet sich dieses Jahr dem Thema „Körper" – mit Symposion, Publikation, Ausstellung und Studium-Generale-Vorlesungsreihe.

Vorgefunden – vorgestellt

Während der Sichtung der universitären Sammlungsbestände an bekannten und abgelegenen Orten der Eberhard-Karls-Universität tauchen immer wieder Objekte auf, die lange nicht angesehen, zufällig aufbewahrt oder nur we bekannt sind. Wir stellen h Funde vor, die den verantwo lichen Sammlungsleitern u den Mitarbeitern des Museu der Universität (MUT) bes ders aufgefallen sind.

Abb. 35: Mit der Zeitungsreihe „vorgefunden – vorgestellt" stellt das MUT Objekte einer Ausstellung vor und erzielt so eine regelmäßige Medienpräsenz

Als Basis der Arbeit muss frühzeitig eine Pressemitteilung vorliegen, die Journalisten auf Anfrage jederzeit erhalten können. Ihre wichtigsten Punkte sind:

→ Ein gesellschaftsrelevanter Aufhänger

→ Die klare Erwähnung von interessanten Aspekten des Themas für die Zielgruppen und von Anknüpfungspunkten an deren Leben

→ Klare und deutliche Formulierungen (Hauptsätze, Bilder, Zitate, Präsens, dritte Person, keine Füllwörter)

→ Die wichtigsten Informationen zuerst

Die wesentlichen Eckpunkte wie Titel, Ort, Datum, der Veranstalter und Kontaktdaten müssen klar ersichtlich sein. Nach zwei bis drei Sätzen Einführung, warum das Thema bedeutend ist, erklären wenige Absätze Inhalt und Struktur der Ausstellung. Zur Veranschaulichung liegen noch einige hochauflösende Bilder in Druckqualität, etwa von Objekten, bei. Damit ist zwar die Pressemitteilung geschrieben, jedoch noch nirgends angekommen. Um interessierte Redaktionen auszumachen, beginnen die Bearbeiter früh mit der Erstellung eines Presseverteilers, indem sie in einer Tabelle die Adressen der relevanten Medienanstalten und darin die Ansprechpartner samt deren E-Mail-Adressen und Telefonnummern abspeichern. Sie erstellen eine Pressemappe, die die Pressemitteilung, Bilder und alle informativen Druckmedien enthält, und verschicken sie etwa zwei Wochen vor Eröffnung an den gesamten Presseverteiler (per Post oder per E-Mail als PDF-Anhang). Um nicht ins Leere zu arbeiten, sollte schon vorab oder zumindest parallel zum Versand eine persönliche Beziehung aufgebaut werden, man ruft also auch die Vertreter der wichtigsten Medienanstalten an, informiert sie über die Versendung der E-Mail und verweist im selben Atemzug auf die Bedeutung der Ausstellung. Am Telefon müssen die Bearbeiter dieser Aufgabe klar, deutlich und souverän agieren. Kein Journalist möchte seine Zeit mit langen und zähen Gesprächen verschwenden. Die Telefonate müssen also gut vorbereitet sein und die wichtigsten Informationen bereitstehen. Gesondert lädt der Projektleiter zu einer Pressekonferenz oder zu einer Ausstellungsvorbesichtigung ein. So können die Journalisten und Fotografen in aller Ruhe die Ausstellung exklusiv besuchen, erhalten kostenlos eine Ausstellungspublikation und auf Wunsch ein Interview für detaillierte Informationen.

III. VERANSTALTUNGSKALENDER

Während der Kontakt mit den Medienanstalten entsteht, sollten diese gebeten werden, die Ausstellung in ihre Veranstaltungskalender aufzunehmen. Oftmals lassen sich Veranstaltungen auch online selbst eintragen. Wenn nicht schon eine Maske alle nötigen Informationen abfragt, muss der Bearbeiter darauf achten, die Formalia wie Titel, Ort, Datum, Eintrittspreise und sonstige Angebote vollständig und korrekt anzugeben. Eventuell bleibt noch der Platz, um einen knackigen erläuternden Satz sowie die Wort-Bild-Marke des Projekts unterzubringen. Diese Aufgabe übernimmt, wie alle anderen der Öffentlichkeitsarbeit, professionell und schnell ein externer Dienstleister und bestückt im Auftrag des Projektteams die Kalender hunderter Medienanstalten – allerdings gegen Honorar.

IV. NETZWERKEN

Ein weiterer Weg, Kommunikationsbeziehungen aufzubauen, sind Netzwerke aller Art. Freunde, Unterstützer, Helfer oder Gönner sind wohlwollende Besucher und gleichzeitig Multiplikatoren von Botschaften des Projekts. Wer die besondere Geste erfährt, auf die Eröffnung eingeladen zu werden oder exklusiv eine kostenlose Führung zu erhalten, empfiehlt die Ausstellung gerne weiter. Und Empfehlungsmarketing erhöht das Vertrauen in die Qualität des Produkts enorm. Stellen wir uns vor, Daniela nimmt an der Ausstellungseröffnung teil und lernt interessante Leute kennen, sie erzählt in den kommenden Wochen ihrer Familie, ihren Nachbarn, ihren Freunden und Bekannten von diesem Erlebnis und verbreitet somit das Erlebte. Es gibt kein effizienteres Instrument der Werbung als eines, das persönliche und emotionale

Bindungen schafft. Auch deshalb ist eine Vernissage, zu der viele Leute eingeladen werden, so wichtig. Im Verlauf der Ausstellung können die Öffentlichkeitsarbeiter in Verbindung mit den Vermittlern und den Museumspädagogen noch weitere Veranstaltungen organisieren. Dadurch wird ein zusätzlicher Neuigkeitswert geschaffen, den sie bewerben oder mittels einer Pressemitteilung in die Medien bringen können. Mit den Teilnehmern vor Ort und deren persönlichen Berichten eröffnet jeder Event also in dreifacher Hinsicht die Möglichkeit, die Besucherzahlen zu erhöhen.

Um einen Freundeskreis zu binden, die Sympathisanten zwischen ihren Besuchen zu informieren und um neue Besucher zu gewinnen, ist eine eigene Internetpräsenz nicht zwingend nötig, aber äußerst empfehlenswert. Das Internet hat sich zur führenden Informationsquelle entwickelt, und fast alle Interessenten, die den Besuch planen, betrachten vorab die Webseite des Museums. Man sollte ein Angebot schaffen, das für alle Browser und alle Betriebssysteme kompatibel ist. Das geht am besten mit einem Content-Management-System (CMS), einer Webseite, die einmalig ein Profi eingerichtet hat und an der das Team jederzeit selbst und ohne Wartungskosten Veränderungen vornehmen kann. Dazu sind keine Programmierkenntnisse oder eine zusätzliche Software auf den Rechnern vonnöten. Man kann sich innerhalb kürzester Zeit in ein System einarbeiten, das sich als eine Mischung aus Word und Login-Bereich eines Online-Shops beschreiben lässt. Ein CMS ermöglicht die einfache Übernahme, Bearbeitung und Verwaltung von Text, Bild und Videos.

Die meisten CMS bieten eine große Palette an Plug-Ins, beispielsweise die Anbindung an RSS, Facebook oder Twitter. Dadurch muss man die Neuigkeiten nur einmal schreiben und ins Netz stellen, und automatisch

TIPP

Das barrierefreie Open Source Content-Management-System mit Namen CONTAO bietet höchste Benutzerfreundlichkeit und Funktionalität. Die intuitive Benutzeroberfläche und die Editierfunktionen garantieren jedem Benutzer ein leistungsstarkes System. Volltext-Suchmaschine, flexible Formulare, umfangreiche Rechteverwaltung und ein mehrsprachiges Front- wie Backend garantieren das moderne und schnelle Erstellen einer Webseite ohne Programmierkenntnisse.

wird der Inhalt an die Web 2.0-Systeme weitergeleitet. Diese Werkzeuge lassen sich zusätzlich zum klassischen Netzwerken nutzen, um die Reichweite der Pressemitteilungen und Kurzinformationen zu steigern. Wem die technischen Mittel zur Verfügung stehen, der postet Videopodcasts auf seiner Webseite und in den sozialen Netzwerken und spricht dadurch eine besonders technikaffine Zielgruppe an, die sich gerne audiovisuell informiert. Ein Imagefilm mit maximal 60 Sekunden vermittelt den Webseiten-Besuchern schnell und elegant die Eckpunkte der Ausstellung. Durch derartige Neuigkeiten wächst die Zahl von Fans und Followern – ein Kommunikationserfolg, der sich über diese Portale direkt messen lässt. Allerdings verlangen die neuen Medien einen hohen Output, um in der Nachrichtenlawine nicht unterzugehen. Täglich kleine Neuigkeiten, wöchentlich oder zumindest monatlich tiefere Einblicke ins Projekt und dessen Bedeutung für die Rezipienten sind notwendig, nicht nur um das Thema aktuell zu halten, sondern auch um einen lebendigen Dialog mit Interessierten und zukünftigen Besuchern zu erzeugen. Gelingt dies, dann leistet die Öffentlichkeitsarbeit neben dem Erfolg einer erhöhten Bekanntheit auch einen inhaltlichen Beitrag zum Projekt: Sie evaluiert die Inhalte schon vorab und bildet ein Forum für externe Ideen, die das Team sonst vielleicht nicht gehabt hätte.

TIPP

Zumindest in der Netzwelt können Sie ein paar kleine Helfer bei der Suche nach Presseveröffentlichungen nutzen: Google Alerts beispielsweise ist eine Software, durch die Sie Suchanfragen täglich aktualisiert erhalten. Sie können Ihren Ausstellungstitel eingeben und erhalten je nach Ergebnistyp und Häufigkeit relevante News per E-Mail. Sie müssen das Programm nicht einmal installieren und können die Suchanfrage jederzeit erweitern, verändern oder beenden. Des Weiteren erlauben Webseiten-Analyse-Programme (Google Analytics, Piwik), die Klickzahlen und weitere interessante Daten zu erfassen. Sie sollten jedoch auf der Seite darauf hinweisen, dass Sie diese Programme benutzen, um die Besucher über Ihre Kontrollwerkzeuge zu informieren.

V. KONTROLLE DER KOMMUNIKATIONS-MASSNAHMEN

Es ist enorm schwer, empirisch fundierte Daten darüber zu erhalten, wie erfolgreich die eine oder andere Werbemaßnahme oder Presseaktion war. Alle Plattformen und Institutionen, mit denen die Zuständigen für Öffentlichkeitsarbeit in Kontakt getreten sind, müssen sie im Auge behalten. Sie müssen bei den Medienanstalten erfragen, ob etwas abgedruckt wurde, was viel Zeit und Nerven kostet. Entsprechende professionelle Dienste übernehmen dies mit Anspruch auf Vollständigkeit, aber zu hohen Kosten. Hilfreich ist in jedem Fall, auf der Pressemitteilung und im persönlichen Gespräch mit Journalisten um Belegexemplare der verfassten Beiträge zu bitten.

Sind einige Presseveröffentlichungen gesammelt, lässt sich über die Auflagensumme ermitteln, wie hoch die Zielgruppenkontakte waren. Dafür besucht man die Webseiten der Pressehäuser und sucht unter dem Stichwort „Mediadaten“ nach der verbreiteten Auflage und nach den Kosten für Anzeigen, die der Größe des Zeitungsartikels entsprechen. Beispielsweise kostet eine halbe Seite in einer Regionalzeitung etwa 4000 Euro. Ist der Artikel in dieser Größe, kann man diesen Betrag als „Anzeigen-Äquivalenzwert“ festhalten, also davon ausgehen, dass die Pressearbeit dem Projekt oder dem Museum öffentliche Aufmerksamkeit eingebracht hat, für die es ansonsten hohe Ausgaben gehabt hätte. Dieser Wert wird auch den Träger des Hauses interessieren.

Durch die sogenannte Medienresonanzanalyse wird die gesamte Pressearbeit messbar: Wie haben die Medienanstalten die Ausstellung aufgenommen? Wie weit reichte die Medienpräsenz? Welche Medienarten waren interessiert? Wo wurde die Ausstellung platziert? Was hätten diese Platzierungen gekostet, wenn man versucht hätte, diese mit Werbeanzeigen zu füllen? Als ein weiteres Analysemittel ist es nützlich, dass die Besucher die Öffentlichkeitsarbeit in dem Evaluationsbogen bewerten, der in der Ausstellung verteilt wird. Darin kann etwa die Frage auftauchen, wie die Besucher auf die Ausstellung aufmerksam geworden sind.

Das Team ist nun sehr gut aufgestellt, um seine Dialoggruppen optimal anzusprechen. Es ist auch deutlich geworden, dass der Erfolg der Öffentlichkeitsarbeit nicht aus dem luftleeren Raum entsteht, jedoch auch nicht eine unüberschaubare Arbeitsleistung erfordert. Öffentlichkeitsarbeit kann enorm viel Spaß machen und den Aufwand, den man in die Ausstellung gesteckt hat, erst belohnen. Das Team freut sich über eine hohe Besucherzahl, über positive Presseresonanz, über nette

Gästebucheinträge, nimmt auch negative Kritik und gut gemeinte Anregungen wahr, sich aber nicht zu sehr zu Herzen. Wenn alle Punkte der Öffentlichkeitsarbeit berücksichtigt werden, sind die Ausstellungsmacher um ein paar sehr wichtige Kontakte reicher, haben der Öffentlichkeit die Möglichkeit gegeben, ihr Projekt kennenzulernen und eine kostenlose Rückmeldung erhalten, wie es wahrgenommen wird.

GRUNDLEGENDE/WEITERFÜHRENDE LITERATUR

Bristot, Charlotte: Marketing für Museen als systematischer Managementprozess (= Mitteilungen und Berichte aus dem Institut für Museumsforschung 40), Berlin 2007

Bröckers, Hannah: Der Museumsbesuch als Event. Museen in der Erlebnisgesellschaft (= Mitteilungen und Berichte aus dem Institut für Museumsforschung 37), Berlin 2007

Gerlach, Laura J.: Der Schirnerfolg. Die »Schirn Kunsthalle Frankfurt« als Modell innovativen Kunstmarketings. Konzepte – Strategien – Wirkungen, Bielefeld 2007

Mandel, Birgit: PR für Kunst und Kultur. Handbuch für Theorie und Praxis, 3. Aufl., Bielefeld 2009

Scheurer, Hans u. Ralf Spiller (Hg.): Kultur 2.0. Neue Web-Strategien für das Kulturmanagement im Zeitalter von Social Media, Bielefeld 2010

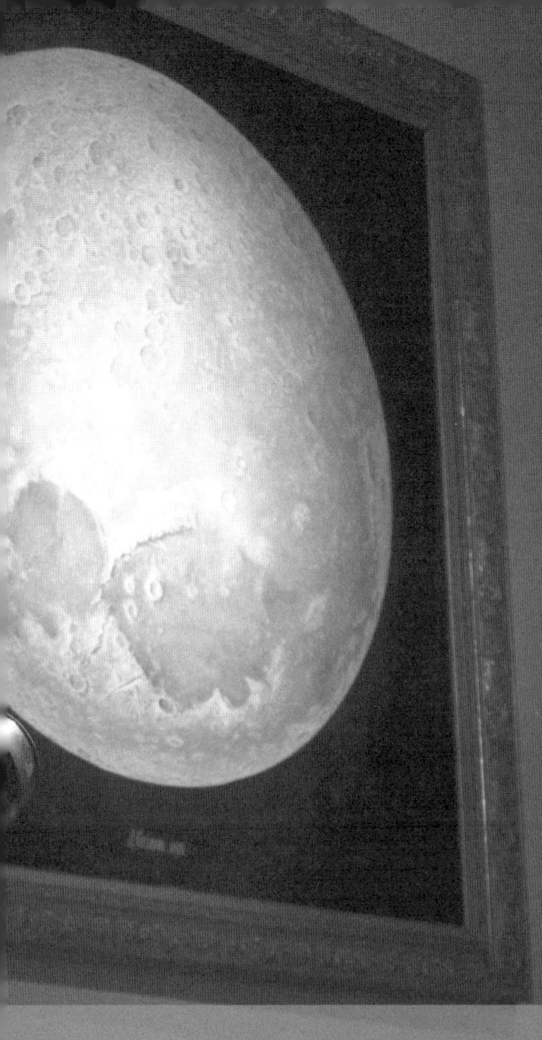

ZEITPLAN

9. ZEITPLAN

Ausstellungsmachen ist ein kreativer Akt unter Zeitdruck. Schon in einem frühen Stadium des Projekts muss ein Termin für die Ausstellungseröffnung festgelegt werden, von wo an alles auf diesen Punkt zuläuft. Entsprechend sind der Ideenfluss der Bearbeiter und ihre inhaltliche Arbeit zu zügeln und mit den anderen zu erledigenden Aufgaben zu koordinieren. Diese Zwangsmaßnahme darf nicht zur Gängelung der akademisch-schaffenden Freiheit verkommen, sondern muss als Chance verstanden werden, sich nicht in Kleinarbeit aufzureiben. Es sollte Zeit bleiben, sich das Thema experimentell zu erarbeiten, also ohne vorher bekanntes Ziel Inhalte zu generieren – dabei auch mal Problemen nachforschen zu dürfen, die sich im Nachhinein als unbedeutend erweisen – und dadurch neuartige Ergebnisse zu liefern. Doch das große Ganze und der Fluchtpunkt Ausstellungseröffnung müssen stets im Blick bleiben.

Ein probates Disziplinierungsmittel ist ein ausgefeilter Zeitplan. Hier liegt nun ein solcher vor, der ein gesamtes Projekt in 80 Wochen durchlaufen lässt. Neben der Chronologie hat er eine zweite Achse, nämlich die der zu erledigenden Aufgaben, die entsprechend den Kapiteln dieses Leitfadens gegliedert sind. Einem Aufgabenfeld ist hier je eine Arbeitsgruppe zugeordnet. In der Praxis jedoch muss nicht jedes von unterschiedlichen Mitarbeitern abgedeckt sein, sondern sie können sich auch personell überschneiden bis hin zum Extremfall, dass eine Person alles macht. Sollte das Projektteam – und das ist der Normalfall – aus mehreren Mitarbeitern bestehen, dann obliegt der Projektleitung die Delegation, Koordination und Synchronisation der einzelnen Tätigkeitsfelder, und sie zeichnet für den letztendlichen Erfolg des Projekts verantwortlich. Die folgende Liste (ab Seite 172) ist eine erprobte Leitlinie, anhand derer das Team sieht, wie viel noch zu tun ist, und den Fortschritt des Projekts einschätzen kann. Sie ist nicht als unumstößliches Dokument, nicht als zeitlich verbindlich zu verstehen. Das Projekt kann insgesamt kleiner und dadurch kürzer angelegt sein, und einzelne Punkte können schneller oder mit mehr Sorgfalt und dadurch zeitaufwendiger erledigt werden als vorgeschlagen. Auch auf inhaltliche Vollständigkeit erheben wir keinen Anspruch und überlassen es jedem Projektteam, Aufgaben beispielsweise bei der Kooperation mit anderen Institutionen oder dem Begleitprogramm zu ergänzen, genauso wie es einige weglassen kann. Im nachfolgenden Plan sind all die Tätigkeitsfelder aufgelistet, die in den vorangegangenen Kapiteln erläutert worden sind. Die darin aufgeführten Begriffe sollten sich deshalb durch die bisherige Lektüre erklären.

Elementar gegliedert ist das Projekt in vier Phasen, wobei die Vorplanung (siehe Kapitel 6) hier nicht detailliert widergegeben wird, sondern nur pauschal als eine Aufgabe berücksichtigt ist. Tatsächlich startet das Projekt mit einem Kick-Off-Meeting, auf dem der personelle und organisatorische Umfang festgelegt wird: Wer macht mit, was soll realisiert werden. Anschließend arbeitet das Team nicht sofort auf die Vernissage hin, sondern untergliedert die Tätigkeiten in einzelne überschaubare und relativ schnell zu erledigende Aufgaben, wodurch es immer wieder motivierende Zwischenerfolge erzielt. Die Daten sind allerdings mit Vorsicht zu behandeln, denn exakt markieren sie nur die Endpunkte der Tätigkeiten, die Termine, zu denen eine Aufgabe erledigt sein muss. Die Anfänge dagegen sind oft unscharf und können sich nach vorn erweitern, gerade wenn Externe im Spiel sind. Will das Team beispielsweise eine Gestaltungsagentur oder Autoren für den Katalog von außen engagieren, dann ist ein langer, nicht genau planbarer Vorlauf mitzudenken von der Akquise über die Klärung, was genau die Beauftragten zu tun haben, und die Abgabe erster Entwürfe bis hin zur fertigen Leistung. Zwei große Meilensteine sollten unumstößlich sein, geben der Arbeit Struktur und beenden jeweils eine Phase der Vorbereitungen: Die Konzeptionsphase reicht bis zur Deadline für die Katalogtexte und die Existenz einer endgültigen Objektliste, die Realisierungsphase bis zur Vernissage. Schließlich sind auch während des Verlaufs und in der Nachbereitung der Ausstellung einige Aufgaben zu erfüllen, um das Projekt zu einem guten Ende zu führen. Entsprechend zählt der nun folgende Zeitplan nicht nur von Woche -80 rückwärts bis 0 (Ausstellungseröffnung), sondern darüber hinaus bis zum Abschluss aller zu erledigender Tätigkeiten.

PROJEKTLEITUNG/PLENUM

MANAGEMENT

Projektvorplanung: Auftrag, Problem, Ziel bestimmen, Team einberufen

Kick-Off-Meeting: Umfang, Struktur, Verlauf des Projekts festlegen, AGs verteilen

Management-Steckbrief erstellen

Koordination und Vermittlung zwischen den Teilgebieten, Kontrolle der einzelnen Tätigkeiten mit dem Blick auf das Gesamtergebnis, Organisation und Leitung von Plenumstreffen, Risikomanagement

Akquise von externen Experten

Workshop mit externen Experten organisieren und leiten

Fehler der Vorbereitung korrigieren, Verlauf und Aufsichten koordinieren

Abbau, Evaluation koordinieren

Abschlussfest organisieren und durchführen

THEMA ERARBEITEN

Forschungsstand erarbeiten

Ausstellungstitel finden

Konzept erarbeiten

Inhaltliche Struktur/Abteilungen festlegen

Drehbuch erarbeiten

KATALOG HERSTELLEN

Einführungs-/ Haupttext schreiben

Begleitende Detailstudien in Auftrag geben und Herstellung überwachen

Texte redigieren

Abzubildende Objekte auswählen

Objekttexte schreiben

DOKUMENTATION ERSTELLEN

Fotos anfertigen

80
60
40
20
10
0
10
20

AG OBJEKTARBEIT

Objektrecherche und -analyse

Inhaltliche Ordnung erstellen

Objektliste erstellen

LEIHVERKEHR

Leihanfragen, Verhandlung der Bedingungen

Leihverträge

TRANSPORT

Speditionen kontaktieren

Transport durchführen

AG GESTALTUNG

DRUCKMEDIEN GESTALTEN

Corporate Design, Wort-Bild-Marke entwickeln

Flyer, Prospekte, Broschüren für Projektpartner

Flyer, Prospekte, Broschüren für die Öffentlichkeit (mit Logos der Förderer)

Werbemedien (Einladungen, Plakate, Werbeanzeigen, Großwerbeflächen)

Katalog

Verlagsarbeit bzw. Druck überwachen

Merchandising-Artikel entwerfen

Ausstellungstexte layouten und drucken lassen

AUSSTELLUNG GESTALTEN

Gestaltungskonzept entwerfen

Modelle von Abteilungen, Objektanordnungen und -inszenierungen entwerfen

Raum technisch funktionsfähig machen, Sicherheitsstandards herstellen

Raum dem Thema entsprechend umgestalten, Kulissen aufbauen

Servicebereiche aufbauen

Stellwände, Vitrinen, Sockel, Beleuchtung anbringen

Objekte stellen

Begleitende Medien, Texte, Illustrationen, Grafiken und Schautafeln anbringen

Ausleuchten

80 60 40 20 10 0 10 20

AG VERMITTLUNG

Zielgruppenanalyse

MUSEUMSPÄDAGOGIK

Konzeption der Besucherleitung

Einführungs-, Abteilungs-, Objekttexte schreiben

Medien- und Mitmachstationen schaffen

Begleitendes Bildungsprogramm konzipieren und organisieren

Bildungsprogramm durchführen

EVALUATION

Besucherbeobachtung, -befragung konzipieren

Besucherbeobachtung, -befragung durchführen

Gästebuch auswerten

Wissen über den Besuch zusammenfassen, Begleitveranstaltungen beurteilen

AG FINANZIERUNG

Klärung der Ausgabeposten, Einnahmeposten festlegen und Schätzungen machen

Einnahmen verteilen

Ausgaben kontrollieren

Finanzplan erstellen

Plan an die IST-Situation angleichen

Finanzbilanz erstellen

FUNDRAISING

Akquise von Förderern

Betreuung der Förderer

80 60 40 20 10 0 10 20

AG ÖFFENTLICHKEITSARBEIT

Strategie entwerfen

Webseite erstellen und pflegen

PRESSEARBEIT

Pressemitteilung schreiben

Journalistenkontakte aufbauen und pflegen

Pressekonferenz organisieren und durchführen

WERBUNG

Werbemedien produzieren

Verteilen

Veranstaltungskalender bestücken

NETZWERKEN

Persönliche Netzwerke aufbauen und pflegen

Virtuelle Netzwerke aufbauen und pflegen

Kooperationspartner suchen und Programm entwickeln

Begleitveranstaltungen bewerben und kommunizieren

Vernissage organisieren und durchführen

Finissage organisieren und durchführen

EVALUATION

Klicks und Reaktionen in den Web-Medien auswerten

Medienresonanzanalyse

Besucherzahlen erheben

Evaluationsbogen auswerten

80 60 40 20 10 0 10 20

ANHANG

ANHANG

GLOSSAR

Abteilungstext/Wandtext
Einführung in eine kuratorisch bestimmte Ausstellungseinheit. Erklärt den Zusammenhang zwischen den einzelnen Exponaten

Alleinstellungsmerkmal
Charakteristikum, das ein Produkt von anderen auf dem Markt, eine Institution von ihren Wettbewerbern unterscheidet. Dieses Merkmal klar herauszustellen und der Öffentlichkeit damit zu vermitteln, welche einzigartige Leistung sie als Kunde erwartet, ist eine zentrale Aufgabe des Marketing

Aura
Bedeutungsüberschuss des originalen, seltenen und geschichtsbehafteten Museumsobjekts. Nach Walter Benjamin auratisieren ein Objekt seine Unnahbarkeit, Echtheit und Einmaligkeit

Ausstellungsdokumentation
Fazit der Ausstellung, in dem die Evaluationsergebnisse zusammengefasst werden. Enthält das Kurzkonzept, die Besucherstatistik, Besucherreaktionen, die Presseresonanz, das Begleitprogramm und Bilder; nennt Mitarbeiter, Ort und Zeit. Dient zur Präsentation der Projektergebnisse nach außen und zum Erfahrungslernen für folgende Projekte

Besucherleitung

Implizites oder explizites System, den Besuchern Wege durch die Ausstellung vorzugeben und die Rezeption dadurch zeitlich und räumlich zu steuern

Cash-Flow

Maß des Verhältnisses von Einnahmen zu den Ausgaben eines Unternehmens. Mit ihm lässt sich die Liquidität eines Projekts kontrollieren und in die Zukunft planen

Claim

Mit einem Unternehmen, einer Marke oder einem Produkt verbundene Werbeaussage, die das Unternehmen, die Marke oder das Produkt charakterisieren, ein Image und einen starken Wiedererkennungswert schaffen soll. Oft synonym verwendet zu „Slogan"

Corporate Design

Einheitliches Erscheinungsbild einer Institution, in der Regel ihrer Produkte und Kommunikationsmittel (Werbung, Briefkopf, Webseite ...), kann aber auch den Auftritt ihrer Mitarbeiter einbeziehen

Datenbank

Elektronisches System zur Verzeichnung von Sammlungsobjekten. Jedes Objekt ist mit einer Inventarnummer, einer Bezeichnung, seinen Maßen usw. beschrieben und abgebildet. Intern dient die Datenbank zur Verwaltung der Sammlung und nach außen zur Recherche, die auch übers Internet möglich ist, wenn die Daten auf der Webseite eines Museums (meist unter „Sammlung/Objektdatenbank" o.ä. zu finden) veröffentlicht sind

Dauerausstellung

Präsentationsort der musealen Sammlungen auf Dauer, Fixpunkt der Außendarstellung des Museums

Drehbuch

Textliche und bildliche Verfestigung aller Konzeptpapiere. Verzeichnet alle Exponate in ihrer tatsächlichen Präsentation samt deren Maße und Inventarnummern; ordnet sie nach Schwerpunkten und innerhalb dieser nach bestimmten Kriterien; benennt alle begleitenden Medien, Mitmachstationen und -räume

Drittmittel

Alle Einnahmen, die nicht aus einem Hausetat und damit vom Museumsträger oder dem Verkauf der Produkte eines Projekts (Eintrittsgelder, Merchandising, Führungsgebühren ...) stammen. Können von staatlichen Fördereinrichtungen, privaten Stiftungen und kommerziellen Sponsoren stammen

Evaluation

Analyse und nachträgliche Bewertung des Projekts und seiner Elemente. Hat eine quantitative Ebene (Besucherzahlen, Medienresonanz, Eintrittsgeld) und eine qualitative Ebene (Zufriedenheit der Besucher, Lernerfolg, journalistische Kritiken)

Finissage

Feier zum Abschluss der Ausstellung. Letzter Event, der noch einmal mediale Aufmerksamkeit erzeugen kann und damit Besucher anlockt, und Möglichkeit, allen Partnern und Förderern den Projekterfolg zu demonstrieren

Gestaltungskonzept

Verzeichnet die szenografischen Grundlagen und deren Bedeutungen für den Inhalt, die Pläne für die Raumgestaltung, den Einsatz von Trenn- und Stellwänden, Vitrinen und Licht. Verfestigt den Plan zur Anordnung der Objekte zueinander und im Raum

Hands-on-Objekt

Modell, Dublette von Exponaten oder konservatorisch unbedenkliches Objekt, das Besucher anfassen und ausprobieren können, um aktiv und spielerisch die Funktion und Dynamik des Referenzobjekts zu erfahren

Key Visual

Bedeutendes und für die gesamte Ausstellung sinnstiftendes Exponat, das zentral präsentiert wird und das auch in den Mittelpunkt des Marketings gerückt wird. Eigene Broschüren und Zeitungsartikel sollten es immer abbilden, um so einen Wiedererkennungswert zu schaffen

Kick-Off

Treffen zum Auftakt eines Projekts, auf dem die Ziele, die Struktur und die Arbeitsverteilung festgelegt werden. Auch ein Zeitplan sollte, zumindest in groben Zügen, bereits zu diesem Zeitpunkt erarbeitet werden

Konzept

Dokument, das Thema, Forschungsstand, Leitfragen, inhaltliches Ziel, inhaltliche Grobstruktur, mögliche Objekte und Begleitmedien der Ausstellung vorstellt. Intern eine inhaltliche Arbeitsgrundlage und extern ein Präsentationspapier für Förderer, Kooperationspartner etc.

Kurator

Betreuer einer Sammlung oder, als Ausstellungskurator, einer Ausstellung. Erarbeitet die Inhalte und koordiniert deren Umsetzung in die konkrete Präsentation

Leihvertrag

Dokument, das die Leihe von Exponaten regelt. Die verleihende Stelle diktiert ihre Bedingungen und verpflichtet den Leihnehmer zu einem bestimmten Umgang mit ihren Objekten

Management-Steckbrief

Dokument, das Projektziele, Projektelemente, Mitarbeiter samt deren Aufgaben, Alleinstellungsmerkmal, Zielgruppen, Strategie der Öffentlichkeitsarbeit zusammenfasst

Marketing

Aufgabenbereich einer Institution, der diese nach den Mechanismen des Markts, also nach Kundenwünschen und Wettbewerbern, ausrichtet, eine Kommunikation zwischen der Produktion und der Öffentlichkeit herstellt. Klassische Instrumente sind Public Relations, Eventmanagement und Werbung

Medienliste

Plan der zu kontaktierenden Anstalten, tatsächlichen Kontaktaufnahmen und Ansprechpartner. In ihr sind auch alle an die Ansprechpartner versandten Materialien, Einladungen zur Pressebegehung und publizierten Beiträge zu vermerken

Medienresonanzanalyse

Instrument, um die Berichterstattung über das Projekt zu messen. Nachdem alle Medienprodukte gesammelt sind („Clipping"), werden sie ausgewertet, etwa nach der Zahl der Rezipienten, deren Sozialstruktur oder der regionalen Verbreitung. Mit Kenntnis der Anzeigenkosten in den jeweiligen Presseorganen lässt sich auch ein „Anzeigenäquivalenzwert" der Berichterstattung errechnen

Meilenstein

Ereignis oder Zwischenziel, das die Projektarbeit strukturiert. Der Grad, zu dem die bis dahin vorgesehenen Aufgaben erledigt sind, gibt Auskunft über den Projektstand und lässt auf die weitere Arbeit schließen

Merchandising

Verkauf von Nebenprodukten, die die eigene Marke bekannt machen und eine zusätzliche Einnahmequelle erschließen. Klassischer Ort ist der Museumsshop

Museum

Institution des Sammelns, Bewahrens, Erforschens und Präsentierens von Objekten sowie des Vermittelns derer Funktionen und Bedeutungen

Narrativ

Komplex aller Aussagen, die die Objekte, ihre Inszenierung und ihr Zusammenspiel, die begleitenden und erklärenden Medien und die Assoziationen der Rezipienten ergeben. Es gehorcht einer kuratorischen Dramaturgie und stiftet in semiotischer Hinsicht den Sinn einer Ausstellung

Provenienz

Geschichte der Besitzer eines Objekts von der Herstellung bis zum aktuellen Aufenthaltsort. Ihre lückenlose und nachgewiesene Dokumentation wird besonders dann wichtig, wenn andere Stellen Besitzansprüche stellen, etwa im Zusammenhang mit „Beutekunst". Sollte ein unrechtmäßiger Besitzerwechsel erfolgt sein, führt dies zur sogenannten Restitution des Objekts

Objektliste

Verzeichnis aller Exponate samt deren konservatorischen Bedingungen, Leihvereinbarungen, Transport- und Präsentationsmöglichkeiten

Objekttext

Klassisches, nach wie vor verbreitetstes und effektivstes Mittel, Zusatzinformationen zum Exponat zu liefern und dieses somit in seiner Funktion und seinen Bedeutungen zu erläutern

Restaurierung

Macht den Verfall der Sammlungsobjekte rückgängig, wenn Schadensprävention und Konservierung nicht mehr ausreichen. Erfordert nicht nur handwerkliches Geschick, sondern auch Kenntnisse der Objekt- und Sammlungsgeschichte und die Sensibilität, diese nicht zugunsten einer scheinbar allein bedeutsamen Authentizität zu zerstören

Risikomanagement

Analyse aller Probleme, die das Projektziel gefährden können, Entwicklung von Strategien zu ihrer Bekämpfung und konkretes Vorgehen gegen sie. Diese Führungsaufgabe begleitet das Projekt in allen Stadien

Sammlungskonzept
Schrift, die die Strategien und Gebiete nennt, auf denen ein Museum Objekte einwirbt. Bewahrt die Institution vor planlosem Anhäufen von Objekten und richtet die Sammlung somit auf das grundlegende Profil der Institution aus

Vernissage
Feierliche Eröffnung der Ausstellung, meist mit Grußwort eines Schirmherrn des Projekts, einführendem Vortrag und einem weiteren den Inhalt ergänzenden, gerne unterhaltenden Programmpunkt. Gesellschaftlicher Anlass für alle Freunde und Förderer des Museums und des Projektteams, Gelegenheit für die Pressearbeit, öffentliche Aufmerksamkeit auf das Projekt zu lenken

Wechsel-/Temporär-/Sonderausstellung
Auf eine bestimmte Zeit beschränkte und meist thematisch orientierte Präsentation, bei der die eigene Sammlung nicht im Zentrum stehen muss. Ihr Programm bildet neben der Sammlung und der Dauerausstellung das Profil des Museums

Wort-Bild-Marke
Kombination zwischen textlichen („Signet“) und grafischen („Logo“) Elementen, um eine Institution oder ein Projekt öffentlichkeitswirksam zu charakterisieren. Wichtiges gestalterisches Element eines Corporate Designs

SCHLAGWORTVERZEICHNIS

BILDNACHWEIS

Abb. 1 acameo Tübingen, Foto: Valentin Marquardt

Abb. 2 Foto: Sebastian Pickl

Abb. 3 Berliner Medizinhistorisches Museum der Charité, Foto: Navena Widulin

Abb. 4 Hamburger Institut für Sozialforschung, Foto: Dieter Lotze

Abb. 5 Museum der Universität Tübingen MUT, Foto: Udo Neumann

Abb. 6 Auto & Technik Museum Sinsheim

Abb. 7 Museum der Universität Tübingen MUT, Foto: Valentin Marquardt

Abb. 8 Stiftung Deutsches Historisches Museum

Abb. 9 Museum der Universität Tübingen MUT, Foto: Valentin Marquardt

Abb. 10 Universalmuseum Joanneum/Volkskunde Graz, Foto: Nicolas Lackner

Abb. 11 Museum der Universität Tübingen MUT, Foto: Valentin Marquardt

Abb. 12 Landesamt für Denkmalpflege und Archäologie Sachsen-Anhalt, Juraj Lipták

Abb. 13 Reiss-Engelhorn-Museen, Foto: Jean Christen

Abb. 14 Haus der Geschichte der Bundesrepublik Deutschland/Axel Thünker

Abb. 15 Google SketchUp, Screenshot

Abb. 16 Museumsstiftung Post und Telekommunikation, Foto: Kandidov

Abb. 17 Neonpastell Augsburg

Abb.18 Museum der Universität Tübingen MUT, Foto: Valentin Marquardt

Abb. 19 Museum der Universität Tübingen MUT, Foto: Valentin Marquardt

Abb. 20 Stadtmuseum Stuttgart

Abb. 21 Museum für Kommunikation, Bern, Foto: Lisa Schäublin

Abb. 22 Museum der Universität Tübingen MUT, Foto: Valentin Marquardt

Abb. 23 Deichtorhallen Hamburg, Foto: Henning Rogge

Abb. 24 Deutsches Filminstitut, Foto: Uwe Dettmar

Abb. 25 Ni Haifeng, Para-Production, 2008, Installationsansicht The Global Contemporary. Kunstwelten nach 1989, ZKM | Zentrum für Kunst und Medientechnologie Karlsruhe, 2011. Foto: Steffen Harms

Abb. 26 Museumsstiftung Post und Telekommunikation, Foto: Andreas Haller

Abb. 27 Museumsstiftung Post und Telekommunikation

Abb. 28 Museum der Universität Tübingen MUT, Foto: Valentin Marquardt

Abb. 29 BGR Hannover

Abb. 30 BGR Hannover

Abb. 31 Foto: Tim Jegodzinski

Abb. 32 acameo, Tübingen, Foto: Valentin Marquardt

Abb. 33 Schwäbisches Tagblatt vom 16.05.2007

Abb. 34 Schwäbisches Tagblatt vom 19.08.2009

Abb. 35 Museum der Universität Tübingen MUT, Foto: Valentin Marquardt

Abb. 36 Museum der Universität Tübingen MUT, Foto: Ernst Seidl

Abb. 37 privat

Abb. 38 acameo Tübingen, Foto: Valentin Marquardt

AUTORENBIOGRAFIEN

PHILIPP AUMANN

Dr. phil., M.A. Kurator/Wissenschaftlicher Leiter des Historisch-Technischen Museums Peenemünde. Zuvor Kurator der Ausstellung „Außer Kontrolle? Leben in einer überwachten Welt" am Museum für Kommunikation Frankfurt (2012-2013), Mitarbeiter am Museum der Universität Tübingen (2009–2011) und dem Deutschen Museum, München (2004–2008), wo er seine Doktorarbeit über die Geschichte der Kybernetik anfertigte. Veröffentlichte Bücher und Aufsätze auf den Gebieten der Museumspraxis und der Wissenschafts- und Technikgeschichte, insbesondere der Wechselwirkung von Wissenschaft und Öffentlichkeit sowie der Modernisierungskraft wissenschaftlich-rationalen Denkens.

VERÖFFENTLICHUNGEN (u. a.):

„Control. Kommunikationstechniken als Motoren von Entprivatisierung und Fremdsteuerung", in: Ulrike Ackermann (Hg.): Im Sog des Internets. Öffentlichkeit und Privatheit im digitalen Zeitalter, Frankfurt am Main 2013, S. 131–150

„Rationalität als Notwendigkeit und Ideal. Ein gesellschafts- und kulturhistorischer Einblick in die langen 1960er Jahre", in: Rheinische Heimatpflege (Sonderausgabe: Zwischen Baukunst und Massenproduktion. Denkmalschutz für die Architektur der 1960er und 1970er Jahre?) 50/1 (2013), S. 21–30

„Der Himmel. Wunschbild und Weltverständnis", Katalog zur gleichnamigen Ausstellung des MUT, Tübingen 2011 (Herausgeber, mit Ernst Seidl und Frank Duerr)

„The distinctiveness of a unifying science. Cybernetics' way to West Germany", in: IEEE Annals of the History of Computing 33 (2011), S. 17–27

„Die Automatisierung des Denkens, Sehens und Hörens. Kybernetik und Bionik als alte Neue Technologien", in: Christian Kehrt, Peter Schüssler u. Mark-Denis Weitze (Hg.): Neue Technologien in der Gesellschaft – Akteure, Erwartungen, Kontroversen und Konjunkturen, Bielefeld 2011, S. 201–216

„MUT zum ‚KörperWissen'! Aufgaben und Strategien des Museums der Universität Tübingen", in: Cornelia Weber u. Klaus Mauersberger (Hg.): Universitätsmuseen und -sammlungen im Hochschulalltag. Aufgaben – Konzepte – Perspektiven, Berlin 2010, S. 119–127 (mit Ernst Seidl)

„Mode und Methode. Die Kybernetik in der Bundesrepublik Deutschland" (= Abhandlungen und Berichte des Deutschen Museums 24), Göttingen 2009

FRANK DUERR

M.A., Wissenschaftlicher Mitarbeiter am Museum der Universität Tübingen MUT, Geschäftsführer der Kommunikationsagentur acameo und Lehrbeauftragter der Universität Tübingen. Er studierte Rhetorik und Kunstgeschichte in Tübingen, war Forschungskollegiat am Forum Scientiarum und promoviert über „Das überzeugende Neue" bei Joachim Knape am Seminar für Allgemeine Rhetorik. Er ist Herausgeber und Autor einiger kommunikationswissenschaftlicher und museologischer Publikationen, insbesondere im Spannungsfeld von Kreativität und strategischer Kommunikation.

VERÖFFENTLICHUNGEN (u. a.):

„Ausstellungsrhetorik. Die Evidenz der Dinge“, in Olaf Kramer (Hg.): Rhetorik der Evidenz (in Bearbeitung)

„Rhetorik des Aufmachers. Theorie und Analyse von Zeitschriftencovern“, Tübingen 2014, (Herausgeber, mit Anne Ulrich)

„Aufmacher. Titelstorys deutscher Zeitschriften“, Tübingen 2014 (Herausgeber, mit Ernst Seidl)

„Kognition | Kooperation | Persuasion. Überzeugungen in Gehirn und Gesellschaft“, Berlin 2014 (Herausgeber, mit Florian Landkammer und Julia Bahnmüller)

„Studierende erarbeiten ein Ausstellungskonzept“, in: Joachim Knape und Achim Litschko (Hg.): Kreativität. Kommunikation — Wissenschaft — Künste. Neue Rhetorik Band 6, Berlin 2013, S. 253–266

„Wie Schönes Wissen schafft“, Tübingen 2013 (Herausgeber, mit Ernst Seidl und Thomas Beck)

„Mind|Things – Kopf|Sache“, Tübingen 2012 (Herausgeber)

„Alles Gute kommt von unten. Unser Umgang mit Ressourcen aus der Erde“, Tübingen 2011 (Herausgeber, mit Philipp Aumann)

DANK

Dieter Benno Aumann, Mailand

Thomas Beck M.A., Freie Universität Berlin

Daniela Bohner, Halle an der Saale

Sonja Cornelsen, Hertie-Institut für klinische Hirnforschung, Tübingen

Helga Göry-Pfitzer, Nürtingen

Dr. Helmut Gold, Museum für Kommunikation Frankfurt am Main

Dr. Elke Greifeneder, Royal School of Library and Information Science, Kopenhagen

Thomas Grupp, grupp.tv, München

Dr. Annabelle Hornung, Universität Frankfurt

Myriam Hönig, Universität Tübingen, Hochschulkommunikation

Ursula Konnertz, Universität Tübingen, Career Service

Matthias Kramer, European School of Business – Research Institute, Reutlingen

Dr. Otto Letze, Institut für Kulturaustausch, Tübingen

Monika Lodderstaedt-Dürr, Tübingen

Dr. Ulrike Mönnich-Lux, Universität Tübingen, Hochschulkommunikation

Meike Niepelt, Institut für Kulturaustausch, Tübingen

Thomas R. Pfitzer, Nürtingen

Christoph Pitzen, Landesstelle für Museumsbetreuung Baden-Württemberg

Dr. Thomas von Schell, Universität Tübingen, Career Service

Petra Schönhöfer, Frankfurt am Main

Laura Schröder, Museum für Kommunikation Frankfurt

Prof. Dr. Stephan Schwan, Institut für Wissensmedien, Tübingen

Dr. Ursula Schwitalla, Tübinger Kunstgeschichtliche Gesellschaft e. V.

Prof. Dr. Ernst Seidl, Museum der Universität Tübingen MUT

Rosemarie Wesp, Museum für Kommunikation Frankfurt am Main

Sarah Willner, Universität Tübingen

Und alle Kontaktpersonen der Museen, die uns Bilder und Informationen als Beispiele unserer Ausführungen zur Verfügung gestellt haben.